법정의무교육
교과서

법정의무교육 교과서

초판 1쇄 발행 2025년 5월 6일

지은이 김하얀
펴낸이 장길수
펴낸곳 지식과감성#
출판등록 제2012-000081호

교정 이주연
디자인 오정은
편집 오정은, 김희영
검수 김지원, 정윤솔
마케팅 김윤길

주소 서울시 금천구 벚꽃로298 대륭포스트타워6차 1212호
전화 070-4651-3730~4
팩스 070-4325-7006
이메일 ksbookup@naver.com
홈페이지 www.knsbookup.com

ISBN 979-11-392-2572-3(03320)
값 18,000원

• 이 책의 판권은 지은이에게 있습니다.
• 이 책 내용의 전부 또는 일부를 재사용하려면 반드시 지은이의 서면 동의를 받아야 합니다.
• 잘못된 책은 구입하신 곳에서 바꾸어 드립니다.

지식과감성#
홈페이지 바로가기

교육하는 날

법정의무교육 교과서

김하얀 지음

지식감정

프롤로그
법정의무교육이란?

법정의무교육은 말 그대로 '법에서 정한 의무교육'입니다.
법률에 의해 모든 근로자가 반드시 이수해야 하는 교육을 의미합니다. 이러한 교육은 주로 신체적 안전, 정신적 안전, 윤리, 직무 수행에 필요한 지식과 기술을 습득하기 위해 마련되는데요. 예를 들어, 복지(아동, 노인, 장애인) 시설 종사자, 의료인, 교직원, 공무원, 운수 종사자 등은 법정의무교육을 통해 관련 법규 및 정책, 직무에 필요한 전문지식 등을 배우게 됩니다.
또 다른 이유로는 근로자들의 권리를 지키기 위한 교육이기도 합니다. 사건과 사고들이 직장 내에서 많이 일어나는데요. 이때 직장에서 대처를 어떻게 해 줘야 하는지, 근로자는 어떻게 어디로 신고를 해야 하는지 등 직장에서 근로자가 권리를 지키기 위해 교육이 필요한 것입니다.
그리고 가장 중요한 건 법정의무교육은 법적으로 요구되므로, 해당 직무를 수행하기 위해서는 반드시 이수해야 합니다. 그렇지 않으면 과태료가 부과되기도 합니다.
그렇다면 기업에서 근로자들에게 해야 하는 법정의무교육은 무엇이 있을까요?
첫 번째, 직장 내 성희롱예방교육입니다.

직장에서 일어나는 성희롱을 예방하고 대처하는 방법에 대한 교육입니다.
두 번째, 개인정보보호교육입니다.
개인정보 보호법에 따라 직원들이 개인정보를 안전하게 처리하고 보호하는 방법에 대한 교육입니다.
세 번째, 산업안전보건교육입니다.
근로자의 사고 예방과 건강관리를 위한 교육입니다.
네 번째, 직장 내 장애인인식개선교육입니다.
직장에서 장애인과 비장애인이 차별 없이 협력하기 위한 교육입니다.
다섯 번째, 직장 내 괴롭힘 예방교육입니다.
직장에서 일어나는 괴롭힘을 예방하고 대처하는 방법에 대한 교육입니다.
여섯 번째, 퇴직연금교육입니다.
퇴직연금 제도에 대한 이해를 높이고, 직원들이 자신의 퇴직연금에 대해 올바르게 관리할 수 있도록 돕기 위한 교육입니다.
각 기업의 규모나 업종에 따라 추가적인 의무교육이 있을 수 있습니다. 이번 《법정의무교육 교과서》에는 기업체에서 들어야 하는 교육을 기본으로 집필했습니다.
복지시설, 공공기관, 국가기관, 병의원 등 업종에 따라 추가적인 의무교육은 관련 법령을 확인하는 것이 중요합니다.

사업주와 근로자에게 법정의무교육은 정말 중요하다고 생각합니다. 법정의무교육이 기본적으로 잘 이루어져야 근로자들이 심리적으로, 육체적으로 안정적인 상태에서 근무를 할 텐데요.

법정의무교육이 불법적으로 진행되고 있는 곳들이 많아서 사실 사업주도, 근로자도 법정의무교육에 대한 인식이 좋지 않은 곳들도 있습니다. 법정의무교육에 대한 인식 개선이 필요하며 이 책을 읽으시고 나서 법정의무교육을 정확하게 진행하시면 좋을 것 같습니다.

많은 곳에서 불법적인 교육 섭외를 하고 있기에 이 책을 읽은 분들께서는 불법 교육은 하지 않기를 바랍니다.
예를 들어 기업에 팩스와 전화를 하여 무료 교육을 진행해 준다거나, 새로운 교육이 생겼다고 추가로 들으셔야 한다거나, 불시 점검을 나갈 거라며 1시간만 교육을 들으면 모든 교육 이수증을 다 주겠다고 설득한 후 근로자들에게 교육을 빙자하여 보험, 상조, 건강식품 등을 판매한다면 분명히 불법 행위라는 것을 아셔야 합니다.
상품을 실제로 구매하여 피해를 입는 근로자들이 많이 생기고 있습니다. 또 교육을 빨리 듣지 않으면 과태료 부과 대상이 된다면서 노동부를 사칭하여 협박하는 곳이 있다면 그것도 분명 불법 영업과 사기입니다.

모든 기업체 대표님들과 교육담당자분들, 그리고 법정의무교육을 하는 강사님들께서 《법정의무교육 교과서》를 읽고 제대로 정확하게 교육을 진행하시면 좋을 것 같아서 이 책을 써 보았습니다.

법정의무교육 강의를 한 지 12년이 되었습니다.
법정의무교육들만 열심히 파고 또 팠던 것 같습니다.
《법정의무교육 교과서》를 읽으시고 많은 도움이 되었길 바라겠습니다.

목차

프롤로그　　　　　　　　　　4

직장 내 성희롱예방교육　　　11
개인정보보호교육　　　　　37
산업안전보건교육　　　　　59
직장 내 장애인인식개선교육　113
직장 내 괴롭힘방지법　　　147
퇴직연금교육　　　　　　　171

에필로그　　　　　　　　　182

궁금하니?

직장 내 성희롱예방교육

직장 내 성희롱예방교육을 왜 해야 할까요?

사업주는 직장 내 성희롱 예방을 위한 교육(이하 "성희롱예방교육"이라 함)을 **연 1회 이상** 해야 합니다.
「남녀고용평등과 일·가정 양립 지원에 관한 법률」 제13조제1항

위반 시 500만 원 이하의 과태료 부과
「남녀고용평등과 일·가정 양립 지원에 관한 법률」
제39조제3항제1호의2

직장 내 성희롱예방교육은 의무사항이기도 하지만 또 다른 목적과 이유로는 직장문화를 안전하고 건강하게 유지하고, 모든 직원이 존중받는 환경에서 일할 수 있도록 돕기 위해서입니다.

성희롱은 신체적, 정신적으로 피해자를 고통스럽게 하고 업무수행에도 부정적인 영향을 끼칩니다.
교육을 통해 성희롱을 예방하고 안전한 환경을 제공함으로써 모든 직원이 존중받는 근무 환경을 만듭니다.

성희롱 없는 근무 환경은 심리적 안전과 직무 만족도를 높여 생산성도 향상됩니다.

성희롱예방교육을 통해 근로자들이 올바른 인식을 하게 됩니다. 성희롱에 대한 이해도를 증진시키고 자신의 행동에 책임감을 느끼도록 존중하는 조직문화를 만들어 갈 수 있습니다.

그리고 성희롱예방교육을 통해 기업을 보호할 수 있습니다. 만약 성희롱 사건이 생기게 되어 외부로 알려지게 된다면 기업의 평판에도 큰 영양을 미칠 수 있습니다.

그래서 성희롱예방교육은 기업에 긍정적인 이미지를 유지하는 데 도움이 됩니다.

직장 내 성희롱예방교육의 교육대상과 교육 시간은 어떻게 되나요?

연 1회 1시간 이상 모든 구성원

교육을 들어야 하는 대상은 **사업주 및 모든 근로자**입니다. 정규직뿐 아니라 기간제, 단기간, 아르바이트 근로자도 해당되며, 파견 근로자도 사용사업주가 의무교육 사업주입니다. 출장, 휴가 등으로 교육에 불참한 근로자가 있는 경우 추가로 교육을 실시해야 합니다.

교육은 매년 1월 1일부터 12월 31일까지 1회 이상 실시하고 1시간 이상으로 진행해야 합니다.
교육 시간은 법적 기준을 충족시키는 것을 기본으로 하고 교육의 효과와 심도에 따라 시간을 조정할 수 있습니다.

직장 내 성희롱 사건이 일어나서 피해자를 도와주고 가해자를 처벌했지만 결국 피해자가 직장을 그만두는 경우들을 많이 경험할 수 있습니다. 그 이유는 2차 가해가 발생했기 때문인데요.

그래서 요즘은 기본 교육 외의 **"2차 피해방지교육"**을 많은 곳에서 진행하기도 합니다.

또 일반 직원 외의 관리자나 최고 경영진 등은 조직 차원의 정책 수립이나 책임을 강조하는 교육을 추가해서 진행하기도 하는데요. 이렇게 진행하는 이유는 회사의 정책이 잘 만들어진다면 직장 내 성희롱을 예방할 수 있고 또 피해자를 더 적극적으로 절차대로 도와줄 수 있기 때문입니다.

직장 내 성희롱예방교육은 누가 어떤 방법으로 진행되나요?

> 사업주 또는 인사 책임자

인사 책임자가 없는 소규모 사업장은 사업주가 진행하면 됩니다.

교육방법은 원칙적으로 **대면**으로 교육을 실시해야 합니다.

교육의 효과성을 고려할 때 교육에 집중할 수 있고, 토의가 가능한 적정 인원으로 구성해야 합니다.
교육 인원은 50명을 초과하지 않을 때 교육의 효과가 가장 크므로 상시 근로자 수가 100명 이상인 사업장은 2회 이상 분할하여 교육을 실시할 것을 권장하고 있습니다.

교육을 여러 차례 실시할 경우 남성, 여성 또는 하위 직급, 관리자로 구분하면 각 대상별 특성에 맞게 교육을 실시할 수 있어 교육의 효과를 높일 수 있습니다.

교육 장소는 진행자가 대면 교육을 진행할 수 있고, 토의가 가능하며, 동영상을 활용하는 경우 동영상 시청 장치가 갖추어져 있는 장소여야 합니다.

가끔 강의를 하러 가면 교육 장소가 없는 곳도 있었습니다.
서서 교육을 듣거나, 공장에서 박스를 깔고 앉아서 듣거나, 일하던 책상에서 듣는 등 불편하게 강의를 듣는 경우도 있었습니다.
또 장비(빔 프로젝터, TV, 마이크 등)도 없는 곳들이 너무 많아서 PPT 자료도 없이 그냥 강의를 하게 되는 경우 등 다양한 상황이 연출되기도 했었습니다.
모든 기업체는 교육 장소가 잘 마련되어야 할 것 같습니다.
이렇게 대면 교육으로 진행할 경우, 직접적인 소통과 상호작용을 통해 직원들이 더욱 깊이 이해하고 공감할 수 있는 기회를 제공하기 때문에 교육 장소, 교육 장비, 교육 인원이 굉장히 중요합니다.

다음 교육방법으로는 온라인 교육이 있습니다.

사업의 규모나 특성을 고려하여 직원 연수·조회·회의, 인터넷 등 정보통신망을 이용한 사이버 교육 등을 통해 할 수 있습니다.

온라인 교육은 접근성과 효율성을 높일 수 있지만 집중도를 유지하고 참여를 독려하는 방법이 중요합니다.
그래서 인터넷을 통한 교육의 경우 구성단위별로 진도 체크, 교육내용에 대한 테스트(확인), 궁금증에 대한 질의응답 등 피교육자에게 교육내용이 제대로 전달되었는지 여부를 확인할 수 있는 기능을 구비해야 합니다.

인터넷을 활용한 교육 중 첫 번째 방법은 온라인 교육 플랫폼을 활용한 실시간 교육입니다.
예를 들어 Zoom, Microsoft Teams 또는 회사의 자체 LMS 시스템을 통해 실시간으로 교육을 진행할 수 있습니다.
두 번째는 온라인 교육 기관에서 제공하는 영상을 활용한 학습입니다. 교육이 끝나고 나면 기관에서 교육 인증서를 발급하거나 교육 참여 여부를 기록하여 법정 교육 사항에 충족하도록 합니다.

두 방법 모두 교육 종료 후 평가 설문조사나 피드백폼을 통해 직원들의 의견을 수집합니다. 피드백을 바탕으로 다음 교육에 반영할 사항을 정리하고 개선해 나갑니다.

다만, 단순한 교육자료 등을 배포·게시하거나 전자우편을 보내거나 게시판에 공지하는 데 그치는 등 근로자에게 교육내용이 제대로 전달되었는지 확인하기 곤란한 경우에는 예방 교육을 한 것으로 보지 않습니다.
「남녀고용평등과 일·가정 양립 지원에 관한 법률 시행령」 제3조제3항

꿀팁,

다음 중 어느 하나에 해당하는 사업의 사업주는 성희롱예방교육의 내용을 근로자가 알 수 있도록 교육자료 또는 홍보물을 게시하거나 배포하는 방법으로 직장 내 성희롱예방교육을 할 수 있습니다.

+ 상시 10명 미만의 근로자를 고용하는 사업
+ 사업주 및 근로자 모두가 남성 또는 여성 중 한 성별로 구성된 사업

「남녀고용평등과 일·가정 양립 지원에 관한 법률 시행령」 제3조제4항

직장 내 성희롱예방교육은 어떻게 증빙하나요?

교육일지

교육 참석자 명단

교육 실시 사진 또는 동영상

교육일지(예시)

	교육일지(예시)				결재			
교육구분	직장 내 성희롱 예방 교육							
참석인원	구 분	남	여	계	비고(미실시 사유)			
	대상 인원				특휴 : 　　　　　연가 : 교육 : 　　　　　출장 :			
	실시 인원							
	미실시 인원							
교육일시	201 년 월 일 (　요일) 　: ~ 　:							
교육장소									
강 사									
교육내용	교육방법				교재		별첨	
	(예시) 1. 직장 내 성희롱 관련 법령 - - 2. 직장 내 성희롱 발생 시 처리절차 및 조치기준 - - 3. 직장 내 성희롱 피해근로자의 고충상담 및 구제절차 - - 4. 직장 내 성희롱 행위자에 대한 징계 조치 - 단체협약, 취업규칙(인사규정)의 징계 양정 - 행위자에 대한 징계절차 5. 양성평등한 직장문화 - 직장 내 일·가정 양립 지원제도 설명 - - 6. 질의응답 - - 붙임 1. 참석자 명단 　　 2. 동영상(별도 첨부)							

교육 참석자 명단(예시)

교 육 참 석 자 명 단 (예시)

20   년   월   일

교육구분: 직장 내 성희롱 예방 교육

NO	부서	성명	서명	NO	부서	성명	서명
1				21			
2				22			
3				23			
4				24			
5				25			
6				26			
7				27			
8				28			
9				29			
10				30			
11				31			
12				32			
13				33			
14				34			
15				35			
16				36			
17				37			
18				38			
19				39			
20				40			

출처: 고용노동부, 〈직장 내 성희롱 예방·대응 매뉴얼〉(2024)

직장 내 성희롱예방교육 강사 자격 조건

직장 내 성희롱예방교육은 일정 자격을 갖춘 강사가 진행해야 하며 이 자격은 「남녀고용평등과 일·가정 양립 지원에 관한 법률」 및 관련 고용노동부 지침에 의해 규정되어 있습니다.

외부 전문강사 자격 요건이 있습니다.

관련 분야의 경력자
직장 내 성희롱예방교육을 담당하는 외부강사는 성희롱, 성폭력, 고충처리 관련 경력이 있는 전문가여야 합니다. 이는 성희롱 문제에 대한 깊은 이해와 풍부한 경험을 가진 사람으로서, 교육의 효과를 높이기 위함입니다.

관련 자격증 소지자
성폭력상담사, 직업상담사 등 성희롱이나 성폭력 예방과 관련된 전문 자격증을 보유한 경우가 적합합니다.

인정받는 교육기관 소속
고용노동부나 여성가족부가 인정한 성희롱 예방 관련 기관에서 활동

하는 강사도 자격을 갖춘 것으로 간주됩니다.
이 경우 해당 기관에서 필요한 교육을 이수하고 자격을 인증받은 강사여야 합니다.

내부 강사 자격 요건이 있습니다.

인사/노무 또는 고충처리 담당자
사업장 내부에서도 성희롱예방교육을 진행할 수 있으며, 인사 부서의 노무 관리 담당자나 고충처리 담당자가 맡을 수 있습니다.

사내 교육 이수 조건
내부 담당자가 강사로 나설 경우 성희롱예방교육과 관련된 일정 수준의 사내 교육을 이수했거나 외부 교육을 통해 관련 내용을 충분히 숙지했음을 입증하여야 합니다.

그러나 내부 강사가 교육을 진행할 경우 종종 객관성에 대한 신뢰 부족이나 중립성 문제로 인해 외부강사보다는 효과가 떨어질 수 있다는 우려가 있습니다.
이를 보완하기 위해서 내부 강사 역시 철저한 교육을 받은 후 교육을 맡는 것이 권장됩니다.

직장 내 성희롱예방교육 시 필수 내용은?

직장 내 성희롱 관련 법령
직장 내 성희롱 정의와 유형
직장 내 성희롱 발생 원인과 판단 기준
직장 내 성희롱 발생 시 처리 절차와 조치 기준
직장 내 성희롱 피해근로자의 고충 상담 및 구제 절차
직장 내 성희롱 행위자에 대한 징계 등 제재 조치
직장 내 성희롱 예방을 위한 행동 지침
그 밖의 직장 내 성희롱 예방에 필요한 사항

교육 진행 시 위의 내용이 꼭 들어가야 합니다.

사업주는 다음 사항을 포함하는 직장 내 성희롱예방 지침을 마련해야 함(시행규칙 제5조의2)
① 직장 내 성희롱 관련 상담 및 고충처리에 필요한 사항
② 직장 내 성희롱 조사 절차
③ 직장 내 성희롱 발생 시 피해자 보호 절차
④ 직장 내 성희롱 행위자 징계 절차 및 징계 수준
⑤ 그 밖의 직장 내 성희롱 예방 및 금지를 위하여 필요한 사항 등

직장 내 성희롱예방교육 강사들의 역량

직장 내 성희롱예방교육을 진행하는 강사는 주제의 민감성을 고려하여 높은 전문성과 소통 능력을 갖춰야 합니다.

진입장벽이 낮은 교육이다 보니 강의하는 강사님들이 꽤 많은데, 사실 교육 중에서도 가장 민감하다고 볼 수 있습니다. 그래서 강사들의 역량에 따라 강의 분위기와 만족도, 효과도 달라집니다.
과연 어떤 역량을 갖추면 좋을까요?

1. 관련 분야 전문성

- 법률 지식

성희롱예방교육은 기본적으로 법적 내용을 다루기 때문에 관련 법률에 대한 지식이 필수적입니다.

- 심리적 이해와 사례 연구

성희롱 문제는 종종 심리적인 요인과 밀접하게 관련되므로 피해자와 가해자의 심리적 요인을 이해하고 이를 기반으로 사례를 설명할 수 있어야 합니다.

성희롱 사례에 대한 충분한 연구와 분석을 통해 구체적이고 현실적인 설명이 가능해야 합니다.

2. 강력한 커뮤니케이션 및 소통 능력

- 참여자와 소통 능력

성희롱예방교육의 경우 참여자들이 적극적으로 참여하고 이해할 수 있도록 개방적이고 소통적인 자세가 필요합니다.
민감한 주제를 다루기 때문에 부담감 없이 의견을 나눌 수 있도록 유도하고 분위기를 편안하게 만드는 것이 중요합니다.

- 비난하지 않는 접근법

성희롱예방교육은 특정 성별이나 사람을 비난하지 않는 중립적인 접근법이 필요합니다. 모든 참석자가 불편함 없이 교육에 집중할 수 있도록 개별 참여자를 배려하며 수업을 진행해야 합니다.

3. 공감 능력과 민감성

- 예민한 주제 다루기

성희롱예방교육은 감정적으로 민감한 주제를 다루므로 교육 강사는 다양한 사람들의 입장을 공감하고 이해할 수 있어야 합니다.
참여자가 불편함을 느낄 경우 이를 즉시 감지하고 자연스럽게 대응할 수 있는 능력이 요구됩니다.

- 사건 피해자에 대한 배려

교육 도중 특정 사례나 설명이 피해자에게 상처가 될 수 있으므로 이를 고려해 섬세하고 신중하게 내용을 전달해야 합니다.

특히 피해 사례 설명 시에는 참가자의 감정을 배려하는 태도가 필수입니다.

4. 현장 경험과 실제 사례 소개 능력

- 현장 경험 및 사례 연구

성희롱예방교육을 효과적으로 전달하려면 이론에 그치지 않고 실제 직장에서의 다양한 사례를 소개할 수 있어야 합니다.

이를 위해 관련된 실제 직장 사례나 연구 데이터를 바탕으로 강의하는 것이 매우 중요합니다.

- 실생활에 적용 가능한 해결책 제시

참여자들이 교육내용을 직장 생활에 바로 적용할 수 있도록 실질적인 행동 가이드라인이나 해결 방안을 제시할 수 있어야 합니다.

5. 교육 설계와 피드백 수용 능력

- 교육 설계 및 체계적인 진행 능력

성희롱예방교육은 체계적으로 준비된 커리큘럼이 필요하며 주어진 시간 안에 핵심내용을 전달하는 능력도 중요합니다. 교육내용을 쉽게 이해할 수 있도록 자료를 준비하고 다양한 방식으로 정보를 전달하는 능력도 필요합니다.

- 피드백 반영 및 개선 노력

교육 후 참가자들로부터 피드백을 수집하여 이를 바탕으로 다음 교육에서 개선하는 노력도 필요합니다. 강사가 교육을 통해 자신도 성장하고 있다는 인식을 줄 수 있으면 더욱 효과적입니다.

직장 내 성희롱예방교육에 대한 근로자들의 인식

직장 내 성희롱예방교육에 대한 근로자들의 인식은 매우 다양합니다. 일부는 교육의 필요성과 효과를 인식하고 있지만, 일부는 형식적인 절차로 여기거나 실질적인 도움을 못 받는다고 생각하는 경우도 있습니다.

1. 긍정적인 인식

많은 근로자들은 성희롱예방교육이 필요하며, 이를 통해 안전하고 존중받는 직장문화를 만들 수 있다고 생각합니다.
특히 과거에 성희롱 관련 경험이 있거나, 피해를 목격한 경험이 있는 직원들은 교육의 중요성을 더 높게 평가하는 경우가 많았습니다. 하지만 지금은 교육을 통해 자신이 보호받을 수 있다는 점에서 안심을 느끼고 회사가 이러한 문제를 중요하게 다루고 있다는 점에서 신뢰를 형성할 수 있습니다.

2. 형식적인 절차?

법적으로 매년 필수적인 교육이다 보니, 같은 내용을 반복하는 경향이 많아 일부 직원들이 지루해하거나 의무적으로 참여하여 피로감을 느끼는 경우들을 많이 보았습니다.
특히, 피상적인 사례나 기본적인 정보만을 반복하는 교육에 대해서는 불만족을 느끼는 경우가 많습니다.

- 실질적 변화를 기대하지 않음
일부직원들은 교육이 단순히 '필수 요건'으로 진행되다 보니, 실제 직장 내 문화를 바꾸거나 성희롱 예방 효과가 크지 않다고 생각하는 경향이 있습니다.
교육 후에도 직장 내 성희롱 문제에 대해 해결되지 않는 사례가 있다면 이러한 인식은 더욱 강화될 수 있습니다.

3. 회사 차원의 진정성에 대한 의문

교육만으로 문제 상황 시 실질적인 대응이 부족한 것 같다고 느끼는 경우들이 있습니다.
그래서 실제로 성희롱 사건이 발생했을 때 회사가 어떻게 대응하느냐가 중요하다고 생각합니다.
교육내용과는 별개로 실제 대응이 미흡한 경우에는 교육의 효과에 회의적일 수 있습니다.

4. 개인적 부담감과 불편함

성희롱예방교육은 예민한 주제를 다루기 때문에 일부 직원들은 교육 자체에 불편함을 느끼기도 합니다.
특히 교육내용이 구체적이고 생생할 경우 성희롱 피해자나 가해자로 지목될 수 있는 두려움을 느끼는 경우도 있습니다.
그리고 남성 직원 중 일부는 교육을 통해 성희롱 가해자라는 낙인이 찍히는 것 같아 거부감을 느끼기도 합니다.
이는 교육에서 성별을 구분하지 않고 모든 직원을 평등하게 다루는 노력이 필요함을 시사합니다.

직장 내 성희롱예방교육에 대한 근로자 인식 개선을 위한 방안으로는 교육의 질을 높이고 실질적인 사례와 상황을 반영한 맞춤형 교육을 제공하는 것이 중요합니다.
또한 교육 후 피드백을 받고 실제 성희롱 사건에 대해 진정성 있게 대응하는 모습을 보여 주는 것도 필요합니다.

직장 내 성희롱예방교육을
하지 않았을 때 미치는 영향

직장 내 성희롱예방교육을 법정의무에 따라 시행하지 않았을 경우, 회사는 여러 법적 불이익과 경제적 손실을 겪을 수 있습니다.

1. 과태료 부과
법적 기준에 따라 과태료는 최대 500만 원에 달할 수 있습니다. 이는 교육 의무를 제대로 이행하지 않은 회사에 대한 강력한 경고의 의미를 담고 있습니다.

2. 법적 분쟁과 소송 위험
피해자의 법적인 대응이 있을 수 있습니다.
교육을 통해 예방 조치를 시행하지 않았다는 점은 법적 소송에서 회사에 불리하게 작용할 수 있습니다.
특히 법원은 예방 교육 미실시가 조직의 관리 감독에 책임을 다하지 않은 것으로 판단할 가능성이 높습니다.

3. 회사의 이미지 손상 및 신뢰도 저하
성희롱 사건이 발생했을 때 예방 교육조차 실시하지 않았다면 회사의 평판이 크게 떨어질 수 있습니다.

이는 직원들뿐만 아니라 외부에서도 회사의 이미지를 부정적으로 인식하게 될 수 있습니다.

신뢰 저하로 인한 이직률 증가 직원들이 성희롱에 대한 보호가 부족하다고 느낄 경우 회사에 대한 신뢰가 떨어져 이직률이 높아질 수 있으며 이는 인력 관리에도 부정적인 영향을 미칩니다.

4. 고용노동부의 근로 감독 및 행정 조사 강화

성희롱예방교육 미실시가 밝혀질 경우, 고용노동부는 해당 사업장에 대해 추가적인 근로 감독과 조사 절차를 진행할 수 있습니다.

이는 단기적으로 행정적인 불편을 초래하고 장기적으로는 경영진이 직장 내 근로환경 개선에 대한 압박을 받을 수 있습니다.

관리 및 감독 비용 증가, 감독 절차와 행정적인 조사가 진행되면 추가적인 관리 비용이 발생하며 회사의 행정 부담이 가중될 수 있습니다.

5. 직원들의 불안감과 조직 내 사기 저하

안전한 근무 환경 미흡 예방 교육이 이루어지지 않은 회사는 직원들 사이에서 안전한 근무 환경을 제공하지 못한다는 불신을 받을 수 있습니다.

이는 직원들이 불안감을 키우고 전체적인 사기를 저하시켜 생산성에 부정적인 영향을 미칩니다.

그리고 직원들의 근로 만족도가 떨어질 가능성이 큽니다.

교육이 없는 환경에서는 성희롱에 대한 인식과 대응 방법을 충분히 숙지하지 못해 사내 갈등이 발생할 수 있습니다.

이처럼 직장 내 성희롱예방교육 미실시는 법적 제재뿐만 아니라 회사의 평판, 직원 신뢰, 내부 조직 분위기에도 심각한 악영향을 미치게 됩니다. 따라서 기업은 이러한 불이익을 피하기 위해 성희롱예방교육을 적극적으로 실시하고 교육을 통해 직원들이 안전하고 존중받는 환경에서 일할 수 있도록 하는 것이 중요합니다.

궁금하니?

개인정보보호교육

개인정보보호교육을 왜 해야 할까요?

> 개인정보처리자는 개인정보의 적정한 취급을 보장하기 위하여 개인정보취급자에게 정기적으로 필요한 교육을 실시하여야 한다.
> 「개인정보보호법」 제28조제2항(제목개정 2023. 3. 14.)

근로자들이 개인정보의 중요성을 이해하고 올바르게 처리하는 방법을 알지 못하면, 실수나 부주의로 인해 개인정보가 유출될 위험이 높아집니다.
정보 유출 시 회사는 막대한 금전적 손실뿐만 아니라, 평판 손상과 고객 불신을 겪을 수 있습니다.
교육을 통해 근로자들이 개인정보보호의 중요성과 유출 시 발생할 수 있는 위험을 인식하도록 합니다.

또 개인정보보호는 기업의 신뢰도와 직결되며, 고객은 자신의 정보가 안전하게 보호될 수 있는 회사를 선호합니다. 근로자들이 개인정보보호 절차를 준수하면, 고객과 파트너의 신뢰가 강화되고 장기적인 비즈니스 관계에 긍정적인 영향을 미칩니다.

개인정보보호교육은 근로자들이 데이터 보안 절차와 정책을 이해하고, 이를 실무에 적용하도록 돕습니다.
예를 들어, 비밀번호 관리, 이메일 첨부파일보호, 외부로의 데이터 전송 시 주의사항 등 교육을 통해 내부 정보보호를 강화할 수 있습니다.

그리고 개인정보 유출은 단순히 외부 고객의 정보뿐 아니라, 근로자 자신의 개인정보 유출 가능성도 포함됩니다.
근로자들이 개인정보보호의 중요성을 인식하면, 조직 내 모든 구성원이 안전하게 근무할 수 있는 환경을 만들 수 있습니다.

교육을 통해 잠재적인 사고를 예방하고, 발생 시 신속하게 대응할 수 있는 능력을 갖추게 합니다.
사고 발생 시 데이터 유출을 최소화하고, 적절한 신고 절차와 복구 방법을 이해하여 조직의 피해를 줄일 수 있습니다.
이러한 이유로 개인정보보호교육은 조직의 필수적 요소로 자리 잡고 있으며, 근로자 개개인이 개인정보보호에 대한 책임감을 갖도록 교육하는 것이 중요합니다.

개인정보보호교육에 교육대상과 교육 시간은 어떻게 되나요?

> 연 1회 1시간 이상 모든 구성원

전 직원과 개인정보를 다루는 인력은 이 교육을 반드시 받아야 합니다. 추가로, 실제 교육 시간과 주기는 각 기관 및 기업의 내부 방침에 따라 더 길게 설정될 수 있습니다.

특히, 금융, 의료, IT 등 개인정보보호가 중요한 산업 분야는 교육 시간과 횟수가 더 엄격하게 관리되기도 합니다.

일반적으로는 연 1회 이상 교육이 요구되며, 교육의 시간은 최소 1시간에서 2시간 정도가 일반적입니다.

신규로 입사한 직원들은 입사 직후에 개인정보보호교육을 받아야 하며, 이 교육은 1시간 이상이 적당합니다.

또 부서나 업무에 따라 더 구체적인 교육이 필요할 경우, 교육 시간은 더 늘어날 수 있습니다.

예를 들어, 개인정보를 주로 처리하는 인사부서, 고객 서비스팀, 마케팅팀 등의 부서는 더 심화된 교육이 필요할 수 있습니다.

개인정보보호교육은
누가 어떤 방법으로 진행이 되나요?

| 사업주 또는 개인정보 보호책임자 |

「개인정보보호법」에서 사업주 또는 **개인정보 보호책임자를 지정**하고 있습니다.

- 법적 근거

제31조(개인정보 보호책임자의 지정 등)
① 개인정보처리자는 개인정보의 처리에 관한 업무를 총괄해서 책임질 개인정보 보호책임자를 지정하여야 한다.
다만, 종업원 수, 매출액 등이 대통령령으로 정하는 기준에 해당하는 개인정보처리자의 경우에는 지정하지 아니할 수 있다. (개정 2023. 3. 14.)

종업원 수, 매출액 등 다음의 요건을 모두 갖춘 개인정보처리자의 경우 보호책임자를 지정하지 않을 수 있습니다.
지정하지 않으면 개인정보처리자의 사업주 또는 대표자가 개인정보

보호책임자가 됩니다.

> + 상시 근로자 수가 10명 미만일 것
> + 업종별 상시 근로자 수 등이 5명 미만일 것
> (광업, 제조업, 건설업 및 운수업의 경우 10명 미만)
> 「개인정보보호법」 제31조제1항 단서·제2항 및
> 「개인정보보호법 시행령」 제32조제1항

② 제1항 단서에 따라 개인정보 보호책임자를 지정하지 아니하는 경우에는 개인정보처리자의 사업주 또는 대표자가 개인정보 보호책임자가 된다. (신설 2023. 3. 14.)

③ 개인정보처리자는 개인정보의 적정한 취급을 보장하기 위하여 개인정보취급자에게 정기적으로 필요한 교육을 실시하여야 한다. (제목개정 2023. 3. 14.)

교육방법으로 교육의 효과성을 본다면 대면으로 교육을 실시하면 좋습니다.
전문강사를 초빙하여 상호 질의응답을 통해 심화된 이해를 도울 수 있습니다. 또 실제 사례를 통한 실습이나 모의훈련이 가능해 효과적입니다.

다음은 온라인 교육이 있는데요.
시간과 장소의 제약 없이 교육을 받을 수 있어 편리하며, 비용도 효율적입니다.

교육 이수 확인, 점수 기록, 테스트 기능 등을 통해 교육 효과를 측정하기 좋습니다.
전자학습시스템(LMS) 또는 외부 교육 사이트를 이용해 진행합니다. 온라인 교육 시 개인정보보호위원회에서 제공하는 개인정보보호 e러닝 센터를 활용하시거나 기업 내부 LMS 또는 외부 교육 기관의 온라인 교육 콘텐츠를 활용하시면 됩니다.

다른 방법으로는 정기적 업데이트와 자율 학습 자료를 제공할 수 있습니다.
직원들이 정기적으로 개인정보보호 관련 최신 정보를 습득할 수 있고 스스로 필요한 자료를 공부하며 개인정보보호에 대한 관심과 책임 의식을 높일 수 있습니다.
이메일로 정기적 뉴스레터나 최신 가이드라인을 제공하고, 참고 자료나 동영상 교육 자료를 배포할 수 있습니다. 관련 자료는 조직의 공유 드라이브 또는 인트라넷에 올려 언제든지 참고할 수 있게 합니다.

개인정보보호교육은 어떻게 증빙하나요?

> 교육일지
> 교육 참석자 명단
> 교육 실시 사진 또는 동영상

1. 이수 기록 관리

교육을 받은 직원들의 교육 이수 내역을 기록합니다.
각 직원별로 교육 일자, 교육 이수 여부, 교육 형태(온라인, 오프라인), 교육 기관(내부/외부) 등을 문서화하여 보관합니다.

2. 교육 수료증 및 증명서 발급

외부 교육 기관에서 교육을 받은 경우에는 수료증이나 이수증이 발급되므로 이를 확보합니다.
내부 교육의 경우에는 자체적으로 수료증을 제작해 발급하거나, 이수 확인서를 작성해 서명하는 방식으로 관리할 수 있습니다.

3. 전자기록 보관(온라인 교육의 경우)

LMS(학습관리시스템)나 전자 교육 플랫폼을 통해 진행한 경우, 교육 완료 기록과 이수 시간, 점수 등이 자동 저장되므로 이 자료를 정기적으로 백업하여 보관합니다.

교육 프로그램에서 제공하는 성적표나 이수 리스트를 PDF 형태로 내보내고, 이를 중앙 서버나 클라우드에 저장해 두면 편리합니다.

4. 교육내용 및 출석부 보관

교육 자료(프레젠테이션 자료, 교육 동영상, 교재)를 함께 보관하여 교육의 질과 범위를 증빙할 수 있습니다.

출석부를 작성해 참석자 확인 서명을 받아 보관하면, 실물 자료로도 이수 증빙이 가능합니다.

5. 사후 평가 기록 보관

교육 후 테스트나 평가 자료를 통해 교육내용을 얼마나 이해했는지 기록할 수 있습니다. 평가 결과는 이수 증빙으로 활용할 수 있으며, 직원들의 학습 성과 확인 및 사후 관리 자료로도 유용합니다.

6. 전자서명 및 인증 시스템 활용

전자문서나 서명을 통해 교육 완료 후 해당 직원이 전자서명을 할 수 있도록 하는 방법도 있습니다. 이를 통해 온라인상에서의 이수 여부를 법적으로 증명할 수 있습니다.

* 증빙 자료 관리 시 유의사항
  - 정기적으로 업데이트: 모든 증빙 자료는 개인정보보호법에 따라 최신 상태로 관리해야 하며, 일정 기간 후 최신 정보로 갱신할 수 있어야 합니다.

- 체계적 보관: 파일, 문서, 전자 자료는 일정한 형식에 맞춰 보관하고 필요시 즉시 확인할 수 있어야 합니다.
- 보관 기한: 교육 증빙 자료는 최소 3년간 보관하여 감사 시 대응할 수 있도록 준비합니다.

교육일지(예시)

교육일지(예시)					결재			
교육구분		개인정보보호교육						
참석인원	구분	남	여	계	비고(미실시 사유)			
	대상 인원				특휴:		연가:	
	실시 인원				교육:		출장:	
	미실시 인원							
교육일시	20 년 월 일 (요일) : ~ :							
교육장소								
강 사								
교육내용	교육방법				교재		별첨	
	(예시) 1. 개인정보의 개념 및 이해 - 고유식별번호, 민감 정보, 바이오 정보 2. 개인정보의 수집, 이용, 제공에 대한 준수 사항 - 생활 속 개인정보의 수집 - 직장 내 개인정보 수집 및 이용 3. 개인정보 침해 사례 - 개인 침해 사례 및 피해 - 기업 침해 사례 및 피해 - 국가 침해 사례 및 피해 4. 개인정보책임자, 개인정보 취급자 교육 5. 근로자에 대한 개인정보보호 - 보이스피싱, 파밍, 스미싱, 스마트폰, SNS 6. 기업에 대한 개인정보보호 - 랜섬웨어, 스피어피싱 7. 개인정보 피해 구제 절차 및 대처 방안 8. 개인정보보호포털 사이트 활용 방안 9. 개인정보를 보호하는 방법							

교육 참석자 명단(예시)

20 년 월 일

교육구분: 개인정보보호교육

NO	부서	성명	성명	NO	부서	성명	성명
1				21			
2				22			
3				23			
4				24			
5				25			
6				26			
7				27			
8				28			
9				29			
10				30			
11				31			
12				32			
13				33			
14				34			
15				35			
16				36			
17				37			
18				38			
19				39			
20				40			

개인정보보호교육 강사 자격 조건

개인정보보호교육의 법적 강사 조건은 법으로 구체적인 자격을 규정하지는 않습니다.
다만 교육의 신뢰성과 효과성을 높이기 위해 관련 경력과 전문성을 갖춘 강사를 지정하는 것이 권장됩니다.
특히 공공기관이나 일정 규모 이상의 기업에서는 「개인정보보호법」에 따라 강사의 전문성을 갖추는 것이 필요할 수 있습니다. 개인정보보호교육 강사의 조건 및 자격 요건을 알아보겠습니다.

1. 개인정보보호 관련 자격증 보유

한국인터넷진흥원(KISA)에서 제공하는 개인정보보호관리체계(PIMS) 인증, 정보보호관리체계(ISMS) 인증, 개인정보 관리사(CPPG) 자격증 등이 대표적입니다.
- ISO 27001 정보보호 인증과 같은 국제 인증 자격
- CISA(Certified Information Systems Auditor)
: 정보 시스템 감사 전문가 자격을 갖춘 강사
- CISM(Certified Information Security Manager)
: 정보 보안 관리 자격을 보유한 강사

2. 관련 경력

- 개인정보보호 관련 법규를 다룬 경력이 있는 법무사, 변호사, 혹은 개인정보보호 업무 경험이 있는 전문가
- 기업에서 개인정보보호 책임자(CPO)로서 3년 이상 경력이 있는 사람
- 개인정보보호법 관련 교육 경력이 있는 사람

그리고 일반적으로 공공기관이나 민간기업의 개인정보보호교육을 위해서는 강사 등록 절차나 인증 제도가 별도로 요구되지는 않지만, 다음의 경우에는 주의가 필요합니다.

공공기관의 경우 강사의 전문성 확보가 중요합니다.
특히 내부 감사나 감독기관으로부터 교육 적합성 평가를 받을 수 있으므로, 외부강사를 초빙하는 경우 검증된 전문가를 활용하는 것이 권장됩니다.
외부 위탁 교육을 받는 경우 교육 제공 업체가 개인정보보호위원회 또는 관련 기관에서 인증받은 기관인지 확인합니다.

개인정보보호교육 시 필수 내용은?

1. 개인정보의 정의 및 범위
- 개인정보의 정의: 개인을 식별할 수 있는 모든 정보(예: 이름, 주민등록번호, 연락처, 이메일 등)를 포함하며, 민감정보와 고유식별정보의 범위를 명확히 이해하도록 교육합니다.
- 개인정보의 유형과 범위: 주민번호, 생체정보(지문, 얼굴 인식 등), 위치정보 등 다양한 형태의 정보가 포함됨을 강조합니다.

2. 개인정보의 수집 및 이용 원칙
- 수집 및 이용 목적의 명확성: 개인정보 수집 시 명확한 목적을 사전에 고지해야 한다는 원칙 동의 절차와 최소 수집 원칙 즉 정보 주체의 동의를 받고, 필요한 최소한의 정보만 수집해야 한다는 교육이 필수적입니다.

3. 개인정보의 관리 및 보호 조치
- 안전성 확보 조치: 암호화, 접근 통제, 백업 및 복원 등 안전성 확보를 위한 기술적·관리적 보호 조치를 수행해야 합니다.
- 접근 권한 관리: 개인정보를 처리하는 직원에게만 접근 권한을 부여하고 이를 정기적으로 검토·갱신해야 하는 점을 교육합니다.
- 비인가 접근 차단 및 로그 기록: 개인정보에 대한 접근이 기록되도록 하여 불법적인 접근 시도를 방지하는 방법을 알려 줍니다.

4. 개인정보의 제3자 제공 및 위탁 관리

- 제3자 제공 시 준수 사항: 개인정보를 제3자에게 제공할 경우 정보 주체의 사전 동의를 받아야 하며, 법적 기준에 따라 제공 이유와 범위를 교육합니다.
- 위탁 시 주의사항: 개인정보 처리 업무를 외부에 위탁할 때 반드시 계약서를 작성하고 수탁자에 대한 관리·감독을 철저히 해야 합니다.

5. 개인정보의 보유 및 파기 절차

- 보유 기간의 준수: 개인정보는 법에서 정한 보유 기간 내에서만 보관하며, 기간이 만료된 경우 적절한 방법으로 파기해야 합니다.
- 파기 방법: 전자파일의 경우 영구 삭제, 문서의 경우 파쇄 등으로 개인정보를 안전하게 파기하는 방법을 다룹니다.

6. 개인정보 유출 사고 시 대응 방안

- 유출 사고 대응 절차: 개인정보 유출 시 사고를 신속히 보고하고, 피해를 최소화하기 위한 즉각적인 조치를 취하는 절차를 교육합니다.
- 유출 사실 통지 및 신고 의무: 유출된 정보가 있을 경우 개인정보보호책임자에게 즉시 보고하고, 필요한 경우 정보 주체 및 감독기관에 신고해야 합니다.

7. 법적 책임 및 벌칙
- 법적 의무와 책임: 「개인정보보호법」을 위반할 경우 처벌 및 과태료 규정이 적용될 수 있다는 사실을 교육합니다.
- 벌칙 및 과태료 규정: 규정을 위반할 경우 과태료 및 형사처벌 가능성을 명확히 알려, 직원들이 법적 책임을 인식하도록 합니다.

추가적으로 알아 두면 좋은 교육 자료

개인정보보호교육의 내용은 개인정보보호위원회와 한국인터넷진흥원(KISA)에서 제공하는 가이드라인과 교육 자료를 참조하면 좋습니다. 각 기관은 매년 최신 법령과 가이드라인에 맞춰 교육 자료를 업데이트하고 있으므로, 이를 활용해 실무와 법적 요건을 모두 충족하는 교육을 진행할 수 있습니다.

개인정보보호교육 강사들의 역량

개인정보보호교육 강사의 역량은 교육이 효과적으로 이루어지도록 하며, 교육생들이 개인정보보호의 중요성을 이해하고 실무에 적용할 수 있도록 돕기 위한 필수적인 능력입니다.
강사는 단순히 법적의무를 전달하는 것에 그치지 않고, 교육생들이 실제로 업무에 활용할 수 있도록 돕는 역할을 해야 합니다.

1. 전문적인 지식과 경험

강사는 「개인정보보호법」, 개인정보처리방침, 보안관리지침 등과 같은 관련 법률에 대한 충분한 이해가 필요합니다.
최신 개인정보보호 관련 법규나 개인정보 유출 사고 대응법, 국제적 기준(예: GDPR) 등 최신 동향에 대해서도 잘 알고 있어야 합니다.
또 정보 보안 및 개인정보보호 기술(암호화, 접근 제어 등)에 대한 기본적인 이해를 갖추어야 합니다.
데이터 유출, 해킹 및 보안 사고 발생 시의 대응 절차에 대해 잘 알고 있어야 교육생들에게 실제적인 정보를 제공할 수 있습니다.

2. 교육 설계 능력

강사는 교육의 대상에 맞는 맞춤형 교육 프로그램을 설계할 수 있어야 합니다.

예를 들어, 관리자와 일반 근로자에게는 교육의 깊이와 초점이 달라야 합니다.

다양한 부서나 업무에 따라 필요한 교육내용을 달리할 수 있는 능력이 필요합니다.

그리고 교육에 적합한 자료와 콘텐츠를 개발할 수 있어야 합니다. 이를 통해 교육의 효과를 높이고, 직원들이 실무에 적용할 수 있도록 돕습니다.

3. 소통 및 강의 능력

개인정보보호 관련 내용은 법적이고 기술적인 용어가 많기 때문에 강사는 이를 쉽고 명확하게 설명할 수 있어야 합니다.

복잡한 개념을 쉽게 풀어 설명하고, 교육생들이 이해할 수 있도록 해석할 수 있는 능력이 필요합니다.

청중에게 교육을 진행하면서 청중과 상호작용을 하고, 질문에 답변하는 능력은 매우 중요합니다.

교육생들의 질문이나 고민을 잘 받아들이고, 그에 맞는 해결책을 제공할 수 있어야 합니다.

4. 실습 및 사례 분석 능력

개인정보보호와 관련된 실제 사례를 분석하고 이를 바탕으로 교육을 진행하는 능력이 필요합니다.

실제 사고 사례를 통해 교육생들이 리스크 관리 및 대응 방법을 배울 수 있게 해야 합니다.

또 개인정보 유출 사고나 보안 침해 사고에 대한 대응 시나리오를 제공하고 이를 실습할 수 있는 기회를 제공해야 합니다.
직원들이 실제 상황에서 어떻게 대응할 수 있을지를 학습할 수 있도록 돕는 것이 중요합니다.

5. 피드백 및 교육 평가 능력

강사는 교육이 끝난 후, 학습 성과를 평가할 수 있어야 하며, 이를 통해 교육의 효과를 높일 수 있는 방법을 모색해야 합니다.
피드백을 통해 교육을 개선하고, 교육생들이 스스로 개선이 필요한 부분을 인식할 수 있도록 도와야 합니다.
또 개인정보보호교육은 일회성으로 끝나는 것이 아니라 정기적인 업데이트와 리프레셔 교육이 필요합니다.
이를 위해 강사는 교육을 지속적으로 개선하는 역량을 가져야 합니다.

6. 업데이트 및 지속적인 학습

개인정보보호 관련 법규는 지속적으로 변화하고 있기 때문에 강사는 최신 법률 및 규제 사항에 대해 꾸준히 학습해야 합니다.
GDPR(일반 데이터 보호 규정)과 같은 국제적 기준에 대한 지식도 중요합니다.
그리고 개인정보보호를 위한 최신 보안 기술이나 기술적 조치에 대해서도 계속해서 학습하고, 이를 교육내용에 반영해야 합니다.

7. 문제 해결 능력

개인정보보호교육은 실제 상황에서 보안 사고나 개인정보 유출 사고가 발생할 수 있다는 점을 고려해야 합니다.

따라서 강사는 위기 상황에서의 대응법을 교육생들에게 명확히 안내하고, 이를 실제로 적용할 수 있도록 훈련시켜야 합니다.

교육생들이 실무에서 겪을 수 있는 다양한 개인정보보호 문제를 다룰 수 있어야 하며, 문제를 해결하는 능력을 길러 주는 교육을 해야 합니다.

8. 윤리적 책임 의식

개인정보는 민감한 정보이므로, 강사는 개인정보보호의 윤리적 측면에 대해서도 교육해야 합니다. 개인정보보호의 중요성과 이를 무시할 경우 발생할 수 있는 법적, 사회적 책임을 강조해야 합니다.

강사는 단순히 법적인 의무를 전달하는 것에 그치지 않고, 조직 내에서 개인정보보호문화가 확산될 수 있도록 지도해야 합니다.

개인정보보호교육 강사는 전문적인 지식과 교육 능력을 바탕으로, 교육생들이 실제 업무에서 개인정보보호를 효과적으로 실천할 수 있도록 돕는 중요한 역할을 합니다.

강사는 법적 지식, 소통 능력, 실습 기반 교육, 최신 동향 반영 등 여러 역량을 종합적으로 갖추어야 하며, 이를 통해 직원들에게 개인정보보호의 중요성을 효과적으로 전달하고, 지속적인 교육을 통해 개인정보보호문화를 구축하는 데 기여해야 합니다.

궁금하니?

산업안전보건교육

산업안전보건교육을 하는 이유?

1. 법적 의무 준수
산업안전보건법에 따라 사업주는 근로자에게 안전보건교육을 제공할 의무가 있으며, 근로자는 이를 이수해야 합니다. 이를 준수하지 않으면 사업주와 근로자 모두에게 과태료 등 법적 제재가 부과될 수 있습니다.

2. 재해 예방과 안전 확보
근로자는 산업 현장에서 다양한 위험에 노출됩니다. 안전교육을 통해 사고 위험 요소를 사전에 인지하고 안전 수칙을 준수함으로써 사고와 재해를 예방할 수 있습니다. 이는 근로자 자신의 생명과 건강을 보호하기 위함입니다.

3. 안전의식 및 사고 대응 능력 향상
교육은 근로자에게 직무와 관련된 위험 요소를 설명하고, 사고 발생 시 적절히 대응할 수 있는 방법을 가르칩니다. 이러한 지식은 재해 발생 시 피해를 최소화하고 사고 이후의 올바른 처리 절차를 숙지하는 데 필수적입니다.

4. 생산성 및 직무 만족도 향상

안전한 작업 환경이 조성되면 근로자는 더 높은 직무 만족도를 느끼며, 이는 생산성 증가로 이어집니다. 사고 감소는 불필요한 시간 손실과 비용 발생을 줄이기 때문에 근로자와 기업 모두에게 이익이 됩니다.

5. 동료와 공동체의 안전 보호

개인적인 안전뿐만 아니라, 동료와 주변 사람들에게도 위험을 미칠 수 있는 행동을 예방하여 산업 현장 전체의 안전을 강화할 수 있습니다.

산업안전보건교육을 들어야 하는 대상자들은?

1. 정규 근로자(상시 근로자)
모든 사업장에 고용된 상시 근로자는 산업안전보건교육의 의무 대상입니다. 근로자의 안전과 건강을 지키기 위해 정기교육을 받아야 하며, 직종과 업종에 따라 교육내용이 달라질 수 있습니다.

2. 신규 입사자
새로 입사한 근로자는 작업 환경과 안전 규정을 숙지하지 못했기 때문에 신규 채용 시 교육을 반드시 받아야 합니다. 이 교육은 업무에 따른 위험 요소와 사고 예방을 위한 기본적인 지침을 제공합니다.

3. 특별안전보건교육 대상 근로자
특정 위험 작업을 수행하는 근로자는 특별안전보건교육을 받아야 합니다. 위험 기계·기구를 다루거나 유해·위험 작업에 종사하는 경우가 이에 해당합니다. 예를 들면, 아래와 같은 작업이 포함됩니다.
- 화학물질 취급 작업
- 중량물 취급 및 기계 조작
- 고소작업(높은 곳에서 작업)

4. 비정규직 및 임시 근로자

비정규직, 일용직, 계약직 근로자도 해당 작업장과 업무에 따라 동일하게 산업안전보건교육의 대상입니다. 특히, 위험한 작업에 투입되는 근로자는 반드시 교육을 이수해야 합니다.

5. 관리감독자

현장에서 근로자를 직접 관리하고 지시하는 관리자급 직원은 관리감독자안전교육을 주기적으로 받아야 합니다. 이는 법적 의무로 규정되어 있습니다.

교육의 예외 대상

산업안전보건법에 따라 단순 사무직 근로자 등 위험성이 낮은 업무를 수행하는 근로자는 일부 교육에서 제외될 수 있지만, 기본 안전교육은 필요합니다.

산업안전보건법 시행령 (시행 2025. 1. 31.)

[대통령령 제35240호, 2025. 1. 31., 일부개정]

+ 근로자에 대한 안전보건교육
(제29조제1항 등 관련)

① 사업주는 소속 근로자에게 고용노동부령으로 정하는 바에 따라 정기적으로 안전보건교육을 하여야 한다.

② 사업주는 근로자를 채용할 때와 작업내용을 변경할 때에는 그 근로자에게 고용노동부령으로 정하는 바에 따라 해당 작업에 필요한 안전보건교육을 하여야 한다. 다만, 제31조제1항에 따른 안전보건교육을 이수한 건설 일용근로자를 채용하는 경우에는 그러하지 아니하다. (개정 2020. 6. 9.)

③ 사업주는 근로자를 유해하거나 위험한 작업에 채용하거나 그 작업으로 작업내용을 변경할 때에는 제2항에 따른 안전보건교육 외에 고용노동부령으로 정하는 바에 따라 유해하거나 위험한 작업에 필요한 안전보건교육을 추가로 하여야 한다.

+ 안전보건교육 교육과정별 교육 시간 (제26조제1항 등 관련)

1. 근로자 안전보건교육 (제26조제1항, 제28조제1항 관련)

교육과정	교육대상		교육시간
가. 정기교육	1) 사무직 종사 근로자		매 반기 6시간 이상
	2) 그 밖의 근로자	가) 판매 업무에 직접 종사하는 근로자	매 반기 6시간 이상
		나) 판매 업무에 직접 종사하는 근로자 외의 근로자	매 반기 12시간 이상
나. 채용 시 교육	1) 일용근로자 및 근로계약기간이 1주일 이하인 기간제근로자		1시간 이상
	2) 근로계약기간이 1주일 초과 1개월 이하인 기간제근로자		4시간 이상
	3) 그 밖의 근로자		8시간 이상
다. 작업내용 변경 시 교육	1) 일용근로자 및 근로계약기간이 1주일 이하인 기간제근로자		1시간 이상
	2) 그 밖의 근로자		2시간 이상

라. 특별교육	1) 일용근로자 및 근로계약기간이 1주일 이하인 기간제근로자: 별표 5 제1호라목(제39호는 제외한다)에 해당하는 작업에 종사하는 근로자에 한정한다.	2시간 이상
	2) 일용근로자 및 근로계약기간이 1주일 이하인 기간제근로자: 별표 5 제1호라목제39호에 해당하는 작업에 종사하는 근로자에 한정한다.	8시간 이상
	3) 일용근로자 및 근로계약기간이 1주일 이하인 기간제근로자를 제외한 근로자: 별표 5 제1호라목에 해당하는 작업에 종사하는 근로자에 한정한다.	가) 16시간 이상 (최초 작업에 종사하기 전 4시간 이상 실시하고 12시간은 3개월 이내에서 분할하여 실시 가능) 나) 단기간 작업 또는 간헐적 작업인 경우에는 2시간 이상
마. 건설업 기초 안전·보건교육	건설 일용근로자	4시간 이상

1. 앞 표의 적용을 받는 "일용근로자"란 근로계약을 1일 단위로 체결하고 그날의 근로가 끝나면 근로관계가 종료되어 계속 고용이 보장되지 않는 근로자를 말한다.

2. 일용근로자가 앞 표의 나목 또는 라목에 따른 교육을 받은 날 이후 1주일 동안 같은 사업장에서 같은 업무의 일용근로자로 다시 종사하는

경우에는 이미 받은 앞 표의 나목 또는 라목에 따른 교육을 면제한다.

3. 다음 각 목의 어느 하나에 해당하는 경우는 앞 표의 가목부터 라목까지의 규정에도 불구하고 해당 교육과정별 교육시간의 2분의 1 이상을 그 교육시간으로 한다.
가. 영 별표 1 제1호에 따른 사업
나. 상시근로자 50명 미만의 도매업, 숙박 및 음식점업

4. 근로자가 다음 각 목의 어느 하나에 해당하는 안전교육을 받은 경우에는 그 시간만큼 앞 표의 가목에 따른 해당 반기의 정기교육을 받은 것으로 본다.
가. 「원자력안전법 시행령」 제148조제1항에 따른 방사선작업종사자 정기교육
나. 「항만안전특별법 시행령」 제5조제1항제2호에 따른 정기안전교육
다. 「화학물질관리법 시행규칙」 제37조제4항에 따른 유해화학물질 안전교육

5. 근로자가 「항만안전특별법 시행령」 제5조제1항제1호에 따른 신규안전교육을 받을 때에는 그 시간만큼 앞 표의 나목에 따른 채용 시 교육을 받은 것으로 본다.

6. 방사선 업무에 관계되는 작업에 종사하는 근로자가 「원자력안전법 시행규칙」 제138조제1항제2호에 따른 방사선작업종사자 신규교육

중 직장교육을 받은 때에는 그 시간만큼 앞 표의 라목에 따른 특별교육 중 별표 5 제1호라목의 33란에 따른 특별교육을 받은 것으로 본다.

1의2. 관리감독자 안전보건교육
(제26조제1항 관련)

교육과정	교육시간
가. 정기교육	연간 16시간 이상
나. 채용 시 교육	8시간 이상
다. 작업내용 변경 시 교육	2시간 이상
라. 특별교육	16시간 이상(최초 작업에 종사하기 전 4시간 이상 실시하고, 12시간은 3개월 이내에서 분할하여 실시 가능)
	단기간 작업 또는 간헐적 작업인 경우에는 2시간 이상

2. 안전보건관리책임자 등에 대한 교육
(제29조제2항 관련)

교육대상	교육시간	
	신규교육	보수교육
가. 안전보건관리책임자	6시간 이상	6시간 이상
나. 안전관리자, 안전관리전문기관의 종사자	34시간 이상	24시간 이상
다. 보건관리자, 보건관리전문기관의 종사자	34시간 이상	24시간 이상
라. 건설재해예방전문지도기관의 종사자	34시간 이상	24시간 이상
마. 석면조사기관의 종사자	34시간 이상	24시간 이상
바. 안전보건관리담당자	-	8시간 이상
사. 안전검사기관, 자율안전검사기관의 종사자	34시간 이상	24시간 이상

3. 특수형태근로종사자에 대한 안전보건교육
(제95조제1항 관련)

교육과정	교육시간
가. 최초 노무제공 시 교육	2시간 이상(단기간 작업 또는 간헐적 작업에 노무를 제공하는 경우에는 1시간 이상 실시하고, 특별교육을 실시한 경우는 면제)
나. 특별교육	16시간 이상(최초 작업에 종사하기 전 4시간 이상 실시하고 12시간은 3개월 이내에서 분할하여 실시 가능)
	단기간 작업 또는 간헐적 작업인 경우에는 2시간 이상

* 비고: 영 제67조제13호라목에 해당하는 사람이 「화학물질관리법」 제33조제1항에 따른 유해화학물질 안전교육을 받은 경우에는 그 시간만큼 가목에 따른 최초 노무제공 시 교육을 실시하지 않을 수 있다.

4. 검사원 성능검사 교육
(제131조제2항 관련)

교육과정	교육대상	교육시간
성능검사 교육	-	28시간 이상

+ 안전보건교육 교육대상별 교육내용
(제26조제1항 등 관련)

1. 근로자 안전보건교육
(제26조제1항 관련)

가. 정기교육

교육내용
· 산업안전 및 사고 예방에 관한 사항
· 산업보건 및 직업병 예방에 관한 사항
· 위험성 평가에 관한 사항
· 건강증진 및 질병 예방에 관한 사항
· 유해·위험 작업환경 관리에 관한 사항
· 산업안전보건법령 및 산업재해보상보험 제도에 관한 사항
· 직무스트레스 예방 및 관리에 관한 사항
· 직장 내 괴롭힘, 고객의 폭언 등으로 인한 건강장해 예방 및 관리에 관한 사항

나. 삭제 <2023. 09. 27.>

다. 채용 시 교육 및 작업내용 변경 시 교육

교육내용
・산업안전 및 사고 예방에 관한 사항
・산업보건 및 직업병 예방에 관한 사항
・위험성 평가에 관한 사항
・산업안전보건법령 및 산업재해보상보험 제도에 관한 사항
・직무스트레스 예방 및 관리에 관한 사항
・직장 내 괴롭힘, 고객의 폭언 등으로 인한 건강장해 예방 및 관리에 관한 사항
・기계·기구의 위험성과 작업의 순서 및 동선에 관한 사항
・작업 개시 전 점검에 관한 사항
・정리정돈 및 청소에 관한 사항
・사고 발생 시 긴급조치에 관한 사항
・물질안전보건자료에 관한 사항

라. 특별교육 대상 작업별 교육

작업명	교육내용
〈공통내용〉 제1호부터 제39호까지의 작업	다목과 같은 내용
〈개별내용〉 1. 고압실 내 작업(잠함공법이나 그 밖의 압기공법으로 대기압을 넘는 기압인 작업실 또는 수갱 내부에서의 작업만 해당한다)	· 고기압 장해가 인체에 미치는 영향에 관한 사항 · 작업의 시간·작업 방법 및 절차에 관한 사항 · 압기공법에 관한 기초지식 및 보호구 착용에 관한 사항 · 이상 발생 시 응급조치에 관한 사항 · 그 밖에 안전·보건관리에 필요한 사항
2. 아세틸렌 용접장치 또는 가스집합 용접장치를 사용하는 금속의 용접·용단 또는 가열작업(발생기·도관 등에 의하여 구성되는 용접장치만 해당한다)	· 용접 흄, 분진 및 유해광선 등의 유해성에 관한 사항 · 가스용접기, 압력조정기, 호스 및 취관두(불꽃이 나오는 용접기의 앞부분) 등의 기기점검에 관한 사항 · 작업방법·순서 및 응급처치에 관한 사항 · 안전기 및 보호구 취급에 관한 사항 · 화재예방 및 초기대응에 관한 사항 · 그 밖에 안전·보건관리에 필요한 사항
3. 밀폐된 장소(탱크 내 또는 환기가 극히 불량한 좁은 장소를 말한다)에서 하는 용접작업 또는 습한 장소에서 하는 전기용접 작업	· 작업순서, 안전작업방법 및 수칙에 관한 사항 · 환기설비에 관한 사항 · 전격 방지 및 보호구 착용에 관한 사항 · 질식 시 응급조치에 관한 사항 · 작업환경 점검에 관한 사항 · 그 밖에 안전·보건관리에 필요한 사항

4. 폭발성·물반응성·자기반응성·자기발열성 물질, 자연발화성 액체·고체 및 인화성 액체의 제조 또는 취급작업(시험연구를 위한 취급작업은 제외한다)	・폭발성·물반응성·자기반응성·자기발열성 물질, 자연발화성 액체·고체 및 인화성 액체의 성질이나 상태에 관한 사항 ・폭발 한계점, 발화점 및 인화점 등에 관한 사항 ・취급방법 및 안전수칙에 관한 사항 ・이상 발견 시의 응급처치 및 대피 요령에 관한 사항 ・화기·정전기·충격 및 자연발화 등의 위험방지에 관한 사항 ・작업순서, 취급주의사항 및 방호거리 등에 관한 사항 ・그 밖에 안전·보건관리에 필요한 사항
5. 액화석유가스·수소가스 등 인화성 가스 또는 폭발성 물질 중 가스의 발생장치 취급 작업	・취급가스의 상태 및 성질에 관한 사항 ・발생장치 등의 위험 방지에 관한 사항 ・고압가스 저장설비 및 안전취급방법에 관한 사항 ・설비 및 기구의 점검 요령 ・그 밖에 안전·보건관리에 필요한 사항
6. 화학설비 중 반응기, 교반기·추출기의 사용 및 세척작업	・각 계측장치의 취급 및 주의에 관한 사항 ・투시창·수위 및 유량계 등의 점검 및 밸브의 조작주의에 관한 사항 ・세척액의 유해성 및 인체에 미치는 영향에 관한 사항 ・작업 절차에 관한 사항 ・그 밖에 안전·보건관리에 필요한 사항
7. 화학설비의 탱크 내 작업	・차단장치·정지장치 및 밸브 개폐장치의 점검에 관한 사항 ・탱크 내의 산소농도 측정 및 작업환경에 관한 사항 ・안전보호구 및 이상 발생 시 응급조치에 관한 사항 ・작업절차·방법 및 유해·위험에 관한 사항 ・그 밖에 안전·보건관리에 필요한 사항

8. 분말·원재료 등을 담은 호퍼(하부가 깔때기 모양으로 된 저장통)·저장창고 등 저장탱크의 내부작업	・분말·원재료의 인체에 미치는 영향에 관한 사항 ・저장탱크 내부작업 및 복장보호구 착용에 관한 사항 ・작업의 지정·방법·순서 및 작업환경 점검에 관한 사항 ・팬·풍기(風旗) 조작 및 취급에 관한 사항 ・분진 폭발에 관한 사항 ・그 밖에 안전·보건관리에 필요한 사항
9. 다음 각 목에 정하는 설비에 의한 물건의 가열·건조작업 가. 건조설비 중 위험물 등에 관계되는 설비로 속부피가 1세제곱미터 이상인 것 나. 건조설비 중 가목의 위험물 등 외의 물질에 관계되는 설비로서, 연료를 열원으로 사용하는 것(그 최대 연소소비량이 매 시간당 10킬로그램 이상인 것만 해당한다) 또는 전력을 열원으로 사용하는 것(정격소비전력이 10킬로와트 이상인 경우만 해당한다)	・건조설비 내외면 및 기기기능의 점검에 관한 사항 ・복장보호구 착용에 관한 사항 ・건조 시 유해가스 및 고열 등이 인체에 미치는 영향에 관한 사항 ・건조설비에 의한 화재·폭발 예방에 관한 사항

10. 다음 각 목에 해당하는 집재장치(집재기·가선·운반기구·지주 및 이들에 부속하는 물건으로 구성되고, 동력을 사용하여 원목 또는 장작과 숯을 담아 올리거나 공중에서 운반하는 설비를 말한다)의 조립, 해체, 변경 또는 수리작업 및 이들 설비에 의한 집재 또는 운반 작업 가. 원동기의 정격출력이 7.5킬로와트를 넘는 것 나. 지간의 경사거리 합계가 350미터 이상인 것 다. 최대사용하중이 200킬로그램 이상인 것	・기계의 브레이크 비상정지장치 및 운반경로, 각종 기능 점검에 관한 사항 ・작업 시작 전 준비사항 및 작업방법에 관한 사항 ・취급물의 유해·위험에 관한 사항 ・구조상의 이상 시 응급처치에 관한 사항 ・그 밖에 안전·보건관리에 필요한 사항
11. 동력에 의하여 작동되는 프레스기계를 5대 이상 보유한 사업장에서 해당 기계로 하는 작업	・프레스의 특성과 위험성에 관한 사항 ・방호장치의 종류와 취급에 관한 사항 ・안전작업방법에 관한 사항 ・프레스 안전기준에 관한 사항 ・그 밖에 안전·보건관리에 필요한 사항
12. 목재가공용 기계(둥근톱기계, 띠톱기계, 대패기계, 모떼기기계 및 라우터기(목재를 자르거나 홈을 파는 기계)만 해당하며, 휴대용은 제외한다)를 5대 이상 보유한 사업장에서 해당 기계로 하는 작업	・목재가공용 기계의 특성과 위험성에 관한 사항 ・방호장치의 종류와 구조 및 취급에 관한 사항 ・안전기준에 관한 사항 ・안전작업방법 및 목재 취급에 관한 사항 ・그 밖에 안전·보건관리에 필요한 사항
13. 운반용 등 하역기계 5대 이상 보유한 사업장에서의 해당 기계로 하는 작업	・운반하역기계 및 부속설비의 점검에 관한 사항 ・작업순서와 방법에 관한 사항 ・안전운전방법에 관한 사항 ・화물의 취급 및 작업신호에 관한 사항 ・그 밖에 안전·보건관리에 필요한 사항

14. 1톤 이상의 크레인을 사용하는 작업 또는 1톤 미만의 크레인 또는 호이스트를 5대 이상 보유한 사업장에서 해당 기계로 하는 작업(제40호의 작업은 제외한다)	・방호장치의 종류, 기능 및 취급에 관한 사항 ・걸고리·와이어로프 및 비상정지장치 등의 기계·기구 점검에 관한 사항 ・화물의 취급 및 안전작업방법에 관한 사항 ・신호방법 및 공동 작업에 관한 사항 ・인양 물건의 위험성 및 낙하·비래(飛來)·충돌재해 예방에 관한 사항 ・인양물이 적재될 지반의 조건, 인양하중, 풍압 등이 인양물과 타워크레인에 미치는 영향 ・그 밖에 안전·보건관리에 필요한 사항
15. 건설용 리프트·곤돌라를 이용한 작업	・방호장치의 기능 및 사용에 관한 사항 ・기계, 기구, 달기체인 및 와이어 등의 점검에 관한 사항 ・화물의 권상·권하 작업방법 및 안전작업 지도에 관한 사항 ・기계·기구에 특성 및 동작원리에 관한 사항 ・신호방법 및 공동 작업에 관한 사항 ・그 밖에 안전·보건관리에 필요한 사항
16. 주물 및 단조(금속을 두들기거나 눌러서 형체를 만드는 일) 작업	・고열물의 재료 및 작업환경에 관한 사항 ・출탕·주조 및 고열물의 취급과 안전작업방법에 관한 사항 ・고열작업의 유해·위험 및 보호구 착용에 관한 사항 ・안전기준 및 중량물 취급에 관한 사항 ・그 밖에 안전·보건관리에 필요한 사항
17. 전압이 75볼트 이상인 정전 및 활선작업	・전기의 위험성 및 전격 방지에 관한 사항 ・해당 설비의 보수 및 점검에 관한 사항 ・정전작업·활선작업 시의 안전작업방법 및 순서에 관한 사항 ・절연용 보호구, 절연용 보호구 및 활선작업용 기구 등의 사용에 관한 사항 ・그 밖에 안전·보건관리에 필요한 사항

18. 콘크리트 파쇄기를 사용하여야 하는 파쇄작업(2미터 이상인 구축물의 파쇄작업만 해당한다)	• 콘크리트 해체 요령과 방호거리에 관한 사항 • 작업안전조치 및 안전기준에 관한 사항 • 파쇄기의 조작 및 공동 작업 신호에 관한 사항 • 보호구 및 방호장비 등에 관한 사항 • 그 밖에 안전·보건관리에 필요한 사항
19. 굴착면의 높이가 2미터 이상이 되는 지반 굴착(터널 및 수직갱 외의 갱 굴착은 제외한다)작업	• 지반의 형태·구조 및 굴착 요령에 관한 사항 • 지반의 붕괴재해 예방에 관한 사항 • 붕괴 방지용 구조물 설치 및 작업방법에 관한 사항 • 보호구의 종류 및 사용에 관한 사항 • 그 밖에 안전·보건관리에 필요한 사항
20. 흙막이 지보공의 보강 또는 동바리를 설치하거나 해체하는 작업	• 작업안전 점검 요령과 방법에 관한 사항 • 동바리의 운반·취급 및 설치 시 안전작업에 관한 사항 • 해체작업 순서와 안전기준에 관한 사항 • 보호구 취급 및 사용에 관한 사항 • 그 밖에 안전·보건관리에 필요한 사항
21. 터널 안에서의 굴착작업(굴착용 기계를 사용하여야 하는 굴착작업 중 근로자가 칼날 밑에 접근하지 않고 하는 작업은 제외한다) 또는 같은 작업에서의 터널 거푸집 지보공의 조립 또는 콘크리트 작업	• 작업환경의 점검 요령과 방법에 관한 사항 • 붕괴 방지용 구조물 설치 및 안전작업 방법에 관한 사항 • 재료의 운반 및 취급·설치의 안전기준에 관한 사항 • 보호구의 종류 및 사용에 관한 사항 • 소화설비의 설치장소 및 사용방법에 관한 사항 • 그 밖에 안전·보건관리에 필요한 사항
22. 굴착면의 높이가 2미터 이상이 되는 암석의 굴착작업	• 폭발물 취급 요령과 대피 요령에 관한 사항 • 안전거리 및 안전기준에 관한 사항 • 방호물의 설치 및 기준에 관한 사항 • 보호구 및 신호방법 등에 관한 사항 • 그 밖에 안전·보건관리에 필요한 사항

작업	교육내용
23. 높이가 2미터 이상인 물건을 쌓거나 무너뜨리는 작업(하역기계로만 하는 작업은 제외한다)	• 원부재료의 취급 방법 및 요령에 관한 사항 • 물건의 위험성·낙하 및 붕괴재해 예방에 관한 사항 • 적재방법 및 전도 방지에 관한 사항 • 보호구 착용에 관한 사항 • 그 밖에 안전·보건관리에 필요한 사항
24. 선박에 짐을 쌓거나 부리거나 이동시키는 작업	• 하역 기계·기구의 운전방법에 관한 사항 • 운반·이송경로의 안전작업방법 및 기준에 관한 사항 • 중량물 취급 요령과 신호 요령에 관한 사항 • 작업안전 점검과 보호구 취급에 관한 사항 • 그 밖에 안전·보건관리에 필요한 사항
25. 거푸집 동바리의 조립 또는 해체작업	• 동바리의 조립방법 및 작업 절차에 관한 사항 • 조립재료의 취급방법 및 설치기준에 관한 사항 • 조립·해체 시의 사고 예방에 관한 사항 • 보호구 착용 및 점검에 관한 사항 • 그 밖에 안전·보건관리에 필요한 사항
26. 비계의 조립·해체 또는 변경 작업	• 비계의 조립순서 및 방법에 관한 사항 • 비계작업의 재료 취급 및 설치에 관한 사항 • 추락재해 방지에 관한 사항 • 보호구 착용에 관한 사항 • 비계상부 작업 시 최대 적재하중에 관한 사항 • 그 밖에 안전·보건관리에 필요한 사항
27. 건축물의 골조, 다리의 상부 구조 또는 탑의 금속제의 부재로 구성되는 것(5미터 이상인 것만 해당한다)의 조립·해체 또는 변경작업	• 건립 및 버팀대의 설치순서에 관한 사항 • 조립·해체 시의 추락재해 및 위험요인에 관한 사항 • 건립용 기계의 조작 및 작업신호 방법에 관한 사항 • 안전장비 착용 및 해체순서에 관한 사항 • 그 밖에 안전·보건관리에 필요한 사항

28. 처마 높이가 5미터 이상인 목조건축물의 구조 부재의 조립이나 건축물의 지붕 또는 외벽 밑에서의 설치작업	・붕괴·추락 및 재해 방지에 관한 사항 ・부재의 강도·재질 및 특성에 관한 사항 ・조립·설치 순서 및 안전작업방법에 관한 사항 ・보호구 착용 및 작업 점검에 관한 사항 ・그 밖에 안전·보건관리에 필요한 사항
29. 콘크리트 인공구조물(그 높이가 2미터 이상인 것만 해당한다)의 해체 또는 파괴작업	・콘크리트 해체기계의 점검에 관한 사항 ・파괴 시의 안전거리 및 대피 요령에 관한 사항 ・작업방법·순서 및 신호 방법 등에 관한 사항 ・해체·파괴 시의 작업안전기준 및 보호구에 관한 사항 ・그 밖에 안전·보건관리에 필요한 사항
30. 타워크레인을 설치(상승작업을 포함한다)·해체하는 작업	・붕괴·추락 및 재해 방지에 관한 사항 ・설치·해체 순서 및 안전작업방법에 관한 사항 ・부재의 구조·재질 및 특성에 관한 사항 ・신호방법 및 요령에 관한 사항 ・이상 발생 시 응급조치에 관한 사항 ・그 밖에 안전·보건관리에 필요한 사항
31. 보일러(소형 보일러 및 다음 각 목에서 정하는 보일러는 제외한다)의 설치 및 취급 작업 가. 몸통 반지름이 750밀리미터 이하이고 그 길이가 1,300밀리미터 이하인 증기보일러 나. 전열면적이 3제곱미터 이하인 증기보일러 다. 전열면적이 14제곱미터 이하인 온수보일러 라. 전열면적이 30제곱미터 이하인 관류보일러(물관을 사용하여 가열시키는 방식의 보일러)	・기계 및 기기 점화장치 계측기의 점검에 관한 사항 ・열관리 및 방호장치에 관한 사항 ・작업순서 및 방법에 관한 사항 ・그 밖에 안전·보건관리에 필요한 사항

32. 게이지 압력을 제곱센티미터당 1킬로그램 이상으로 사용하는 압력용기의 설치 및 취급작업	· 안전시설 및 안전기준에 관한 사항 · 압력용기의 위험성에 관한 사항 · 용기 취급 및 설치기준에 관한 사항 · 작업안전 점검 방법 및 요령에 관한 사항 · 그 밖에 안전·보건관리에 필요한 사항
33. 방사선 업무에 관계되는 작업 (의료 및 실험용은 제외한다)	· 방사선의 유해·위험 및 인체에 미치는 영향 · 방사선의 측정기기 기능의 점검에 관한 사항 · 방호거리·방호벽 및 방사선물질의 취급 요령에 관한 사항 · 응급처치 및 보호구 착용에 관한 사항 · 그 밖에 안전·보건관리에 필요한 사항
34. 밀폐공간에서의 작업	· 산소농도 측정 및 작업환경에 관한 사항 · 사고 시의 응급처치 및 비상 시 구출에 관한 사항 · 보호구 착용 및 보호 장비 사용에 관한 사항 · 작업내용·안전작업방법 및 절차에 관한 사항 · 장비·설비 및 시설 등의 안전점검에 관한 사항 · 그 밖에 안전·보건관리에 필요한 사항
35. 허가 또는 관리 대상 유해물질의 제조 또는 취급작업	· 취급물질의 성질 및 상태에 관한 사항 · 유해물질이 인체에 미치는 영향 · 국소배기장치 및 안전설비에 관한 사항 · 안전작업방법 및 보호구 사용에 관한 사항 · 그 밖에 안전·보건관리에 필요한 사항
36. 로봇작업	· 로봇의 기본원리·구조 및 작업방법에 관한 사항 · 이상 발생 시 응급조치에 관한 사항 · 안전시설 및 안전기준에 관한 사항 · 조작방법 및 작업순서에 관한 사항
37. 석면해체·제거작업	· 석면의 특성과 위험성 · 석면해체·제거의 작업방법에 관한 사항 · 장비 및 보호구 사용에 관한 사항 · 그 밖에 안전·보건관리에 필요한 사항

38. 가연물이 있는 장소에서 하는 화재위험작업	• 작업준비 및 작업절차에 관한 사항 • 작업장 내 위험물, 가연물의 사용·보관·설치 현황에 관한 사항 • 화재위험작업에 따른 인근 인화성 액체에 대한 방호조치에 관한 사항 • 화재위험작업으로 인한 불꽃, 불티 등의 흩날림 방지 조치에 관한 사항 • 인화성 액체의 증기가 남아 있지 않도록 환기 등의 조치에 관한 사항 • 화재감시자의 직무 및 피난교육 등 비상조치에 관한 사항 • 그 밖에 안전·보건관리에 필요한 사항
39. 타워크레인을 사용하는 작업 시 신호업무를 하는 작업	• 타워크레인의 기계적 특성 및 방호장치 등에 관한 사항 • 화물의 취급 및 안전작업방법에 관한 사항 • 신호방법 및 요령에 관한 사항 • 인양 물건의 위험성 및 낙하·비래·충돌재해 예방에 관한 사항 • 인양물이 적재될 지반의 조건, 인양하중, 풍압 등이 인양물과 타워크레인에 미치는 영향 • 그 밖에 안전·보건관리에 필요한 사항

1의2. 관리감독자 안전보건교육
(제26조제1항 관련)

가. 정기교육

교육내용
• 산업안전 및 사고 예방에 관한 사항
• 산업보건 및 직업병 예방에 관한 사항
• 위험성평가에 관한 사항
• 유해·위험 작업환경 관리에 관한 사항
• 산업안전보건법령 및 산업재해보상보험 제도에 관한 사항
• 직무스트레스 예방 및 관리에 관한 사항
• 직장 내 괴롭힘, 고객의 폭언 등으로 인한 건강장해 예방 및 관리에 관한 사항
• 작업공정의 유해·위험과 재해 예방대책에 관한 사항
• 사업장 내 안전보건관리체제 및 안전·보건조치 현황에 관한 사항
• 표준안전 작업방법 결정 및 지도·감독 요령에 관한 사항
• 현장근로자와의 의사소통능력 및 강의능력 등 안전보건교육 능력 배양에 관한 사항
• 비상시 또는 재해 발생 시 긴급조치에 관한 사항
• 그 밖에 관리감독자의 직무에 관한 사항

나. 채용 시 교육 및 작업내용 변경 시 교육

교육내용
• 산업안전 및 사고 예방에 관한 사항
• 산업보건 및 직업병 예방에 관한 사항
• 위험성평가에 관한 사항
• 산업안전보건법령 및 산업재해보상보험 제도에 관한 사항
• 직무스트레스 예방 및 관리에 관한 사항
• 직장 내 괴롭힘, 고객의 폭언 등으로 인한 건강장해 예방 및 관리에 관한 사항
• 기계·기구의 위험성과 작업의 순서 및 동선에 관한 사항
• 작업 개시 전 점검에 관한 사항
• 물질안전보건자료에 관한 사항
• 사업장 내 안전보건관리체제 및 안전·보건조치 현황에 관한 사항
• 표준안전 작업방법 결정 및 지도·감독 요령에 관한 사항
• 비상시 또는 재해 발생 시 긴급조치에 관한 사항
• 그 밖에 관리감독자의 직무에 관한 사항

다. 특별교육 대상 작업별 교육

작업명	교육내용
〈공통내용〉	나목과 같은 내용
〈개별내용〉	제1호라목에 따른 교육내용(공통내용은 제외한다)과 같음

2. 건설업 기초안전보건교육에 대한 내용 및 시간 (제28조제1항 관련)

교육내용	시간
가. 건설공사의 종류(건축·토목 등) 및 시공 절차	1시간
나. 산업재해 유형별 위험요인 및 안전보건조치	2시간
다. 안전보건관리체제 현황 산업안전보건 관련 근로자 권리·의무	1시간

3. 안전보건관리책임자 등에 대한 교육
(제29조제2항 관련)

교육대상	교육내용	
	신규과정	보수과정
가. 안전보건관리 책임자	1) 관리책임자의 책임과 직무에 관한 사항 2) 산업안전보건법령 및 안전·보건조치에 관한 사항	1) 산업안전·보건정책에 관한 사항 2) 자율안전·보건관리에 관한 사항
나. 안전관리자 및 안전관리 전문 기관 종사자	1) 산업안전보건법령에 관한 사항 2) 산업안전보건개론에 관한 사항 3) 인간공학 및 산업심리에 관한 사항 4) 안전보건교육방법에 관한 사항 5) 재해 발생 시 응급처치에 관한 사항 6) 안전점검·평가 및 재해 분석기법에 관한 사항 7) 안전기준 및 개인보호구 등 분야별 재해예방 실무에 관한 사항 8) 산업안전보건관리비 계상 및 사용 기준에 관한 사항 9) 작업환경 개선 등 산업위생 분야에 관한 사항 10) 무재해운동 추진기법 및 실무에 관한 사항 11) 위험성평가에 관한 사항 12) 그 밖에 안전관리자의 직무 향상을 위하여 필요한 사항	1) 산업안전보건법령 및 정책에 관한 사항 2) 안전관리계획 및 안전보건개선계획의 수립·평가·실무에 관한 사항 3) 안전보건교육 및 무재해운동 추진 실무에 관한 사항 4) 산업안전보건관리비 사용기준 및 사용방법에 관한 사항 5) 분야별 재해 사례 및 개선 사례에 관한 연구와 실무에 관한 사항 6) 사업장 안전 개선기법에 관한 사항 7) 위험성평가에 관한 사항 8) 그 밖에 안전관리자 직무 향상을 위하여 필요한 사항

다. 보건관리자 및 보건관리 전문기관 종사자	1) 산업안전보건법령 및 작업환경측정에 관한 사항 2) 산업안전보건개론에 관한 사항 3) 안전보건교육방법에 관한 사항 4) 산업보건관리계획 수립·평가 및 산업역학에 관한 사항 5) 작업환경 및 직업병 예방에 관한 사항 6) 작업환경 개선에 관한 사항(소음·분진·관리대상 유해물질 및 유해광선 등) 7) 산업역학 및 통계에 관한 사항 8) 산업환기에 관한 사항 9) 안전보건관리의 체제·규정 및 보건관리자 역할에 관한 사항 10) 보건관리계획 및 운용에 관한 사항 11) 근로자 건강관리 및 응급처치에 관한 사항 12) 위험성평가에 관한 사항 13) 감염병 예방에 관한 사항 14) 자살 예방에 관한 사항 15) 그 밖에 보건관리자의 직무 향상을 위하여 필요한 사항	1) 산업안전보건법령, 정책 및 작업환경관리에 관한 사항 2) 산업보건관리계획 수립·평가 및 안전보건교육 추진 요령에 관한 사항 3) 근로자 건강 증진 및 구급환자 관리에 관한 사항 4) 산업위생 및 산업환기에 관한 사항 5) 직업병 사례 연구에 관한 사항 6) 유해물질별 작업환경 관리에 관한 사항 7) 위험성평가에 관한 사항 8) 감염병 예방에 관한 사항 9) 자살 예방에 관한 사항 10) 그 밖에 보건관리자 직무 향상을 위하여 필요한 사항
라. 건설재해예방 전문지도기관 종사자	1) 산업안전보건법령 및 정책에 관한 사항 2) 분야별 재해사례 연구에 관한 사항 3) 새로운 공법 소개에 관한 사항 4) 사업장 안전관리기법에 관한 사항 5) 위험성평가의 실시에 관한 사항 6) 그 밖에 직무 향상을 위하여 필요한 사항	1) 산업안전보건법령 및 정책에 관한 사항 2) 분야별 재해사례 연구에 관한 사항 3) 새로운 공법 소개에 관한 사항 4) 사업장 안전관리기법에 관한 사항 5) 위험성평가의 실시에 관한 사항 6) 그 밖에 직무 향상을 위하여 필요한 사항

마. 석면조사기관 종사자	1) 석면 제품의 종류 및 구별 방법에 관한 사항 2) 석면에 의한 건강유해성에 관한 사항 3) 석면 관련 법령 및 제도(법,「석면 안전관리법」및「건축법」등)에 관한 사항 4) 법 및 산업안전보건 정책방향에 관한 사항 5) 석면 시료채취 및 분석 방법에 관한 사항 6) 보호구 착용 방법에 관한 사항 7) 석면조사결과서 및 석면지도 작성 방법에 관한 사항 8) 석면 조사 실습에 관한 사항	1) 석면 관련 법령 및 제도(법,「석면 안전관리법」및「건축법」등)에 관한 사항 2) 실내공기오염 관리(또는 작업환경측정 및 관리)에 관한 사항 3) 산업안전보건 정책방향에 관한 사항 4) 건축물·설비 구조의 이해에 관한 사항 5) 건축물·설비 내 석면함유 자재사용 및 시공·제거 방법에 관한 사항 6) 보호구 선택 및 관리방법에 관한 사항 7) 석면해체·제거작업 및 석면 흩날림 방지 계획 수립 및 평가에 관한 사항 8) 건축물 석면조사 시 위해도평가 및 석면지도 작성·관리 실무에 관한 사항 9) 건축 자재의 종류별 석면조사실무에 관한 사항
바. 안전보건관리 담당자		1) 위험성평가에 관한 사항 2) 안전·보건교육방법에 관한 사항 3) 사업장 순회점검 및 지도에 관한 사항 4) 기계·기구의 적격품 선정에 관한 사항 5) 산업재해 통계의 유지·관리 및 조사에 관한 사항 6) 그 밖에 안전보건관리담당자 직무향상을 위하여 필요한 사항

사. 안전검사기관 및 자율안전검 사기관	1) 산업안전보건법령에 관한 사항 2) 기계, 장비의 주요장치에 관한 사항 3) 측정기기 작동 방법에 관한 사항 4) 공통점검 사항 및 주요 위험요인별 점검내용에 관한 사항 5) 기계, 장비의 주요안전장치에 관한 사항 6) 검사 시 안전보건 유의사항 7) 기계·전기·화공 등 공학적 기초 지식에 관한 사항 8) 검사원의 직무윤리에 관한 사항 9) 그 밖에 종사자의 직무 향상을 위하여 필요한 사항	1) 산업안전보건법령 및 정책에 관한 사항 2) 주요 위험요인별 점검내용에 관한 사항 3) 기계, 장비의 주요장치와 안전장치에 관한 심화과정 4) 검사 시 안전보건 유의사항 5) 구조해석, 용접, 피로, 파괴, 피해예측, 작업환기, 위험성평가 등에 관한 사항 6) 검사대상 기계별 재해 사례 및 개선 사례에 관한 연구와 실무에 관한 사항 7) 검사원의 직무윤리에 관한 사항 8) 그 밖에 종사자의 직무 향상을 위하여 필요한 사항

4. 특수형태근로종사자에 대한 안전보건교육 (제95조제1항 관련)

가. 최초 노무제공 시 교육

교육내용
아래의 내용 중 특수형태근로종사자의 직무에 적합한 내용을 교육해야 한다. • 산업안전 및 사고 예방에 관한 사항 • 산업보건 및 직업병 예방에 관한 사항 • 건강증진 및 질병 예방에 관한 사항 • 유해·위험 작업환경 관리에 관한 사항 • 산업안전보건법령 및 산업재해보상보험 제도에 관한 사항 • 직무스트레스 예방 및 관리에 관한 사항 • 직장 내 괴롭힘, 고객의 폭언 등으로 인한 건강장해 예방 및 관리에 관한 사항 • 기계·기구의 위험성과 작업의 순서 및 동선에 관한 사항 • 작업 개시 전 점검에 관한 사항 • 정리정돈 및 청소에 관한 사항 • 사고 발생 시 긴급조치에 관한 사항 • 물질안전보건자료에 관한 사항 • 교통안전 및 운전안전에 관한 사항 • 보호구 착용에 관한 사항

나. 특별교육 대상 작업별 교육

제1호라목과 같다.

5. 검사원 성능검사 교육
(제131조제2항 관련)

설비명	교육과정	교육내용
가. 프레스 및 전단기	성능검사 교육	・관계 법령 ・프레스 및 전단기 개론 ・프레스 및 전단기 구조 및 특성 ・검사기준 ・방호장치 ・검사장비 용도 및 사용방법 ・검사실습 및 체크리스트 작성 요령 ・위험검출 훈련
나. 크레인	성능검사 교육	・관계 법령 ・크레인 개론 ・크레인 구조 및 특성 ・검사기준 ・방호장치 ・검사장비 용도 및 사용방법 ・검사실습 및 체크리스트 작성 요령 ・위험검출 훈련 ・검사원 직무
다. 리프트	성능검사 교육	・관계 법령 ・리프트 개론 ・리프트 구조 및 특성 ・검사기준 ・방호장치 ・검사장비 용도 및 사용방법 ・검사실습 및 체크리스트 작성 요령 ・위험검출 훈련 ・검사원 직무

라. 곤돌라	성능검사 교육	· 관계 법령 · 곤돌라 개론 · 곤돌라 구조 및 특성 · 검사기준 · 방호장치 · 검사장비 용도 및 사용방법 · 검사실습 및 체크리스트 작성 요령 · 위험검출 훈련 · 검사원 직무
마. 국소배기장치	성능검사 교육	· 관계 법령 · 산업보건 개요 · 산업환기의 기본원리 · 국소환기장치의 설계 및 실습 · 국소배기장치 및 제진장치 검사기준 · 검사실습 및 체크리스트 작성 요령 · 검사원 직무
바. 원심기	성능검사 교육	· 관계 법령 · 원심기 개론 · 원심기 종류 및 구조 · 검사기준 · 방호장치 · 검사장비 용도 및 사용방법 · 검사실습 및 체크리스트 작성 요령
사. 롤러기	성능검사 교육	· 관계 법령 · 롤러기 개론 · 롤러기 구조 및 특성 · 검사기준 · 방호장치 · 검사장비의 용도 및 사용방법 · 검사실습 및 체크리스트 작성 요령

아. 사출성형기	성능검사 교육	・관계 법령 ・사출성형기 개론 ・사출성형기 구조 및 특성 ・검사기준 ・방호장치 ・검사장비 용도 및 사용방법 ・검사실습 및 체크리스트 작성 요령
자. 고소작업대	성능검사 교육	・관계 법령 ・고소작업대 개론 ・고소작업대 구조 및 특성 ・검사기준 ・방호장치 ・검사장비의 용도 및 사용방법 ・검사실습 및 체크리스트 작성 요령
차. 컨베이어	성능검사 교육	・관계 법령 ・컨베이어 개론 ・컨베이어 구조 및 특성 ・검사기준 ・방호장치 ・검사장비의 용도 및 사용방법 ・검사실습 및 체크리스트 작성 요령
카. 산업용 로봇	성능검사 교육	・관계 법령 ・산업용 로봇 개론 ・산업용 로봇 구조 및 특성 ・검사기준 ・방호장치 ・검사장비 용도 및 사용방법 ・검사실습 및 체크리스트 작성 요령

타. 압력용기	성능검사 교육	· 관계 법령 · 압력용기 개론 · 압력용기의 종류, 구조 및 특성 · 검사기준 · 방호장치 · 검사장비 용도 및 사용방법 · 검사실습 및 체크리스트 작성 요령 · 이상 시 응급조치

6. 물질안전보건자료에 관한 교육 (제169조제1항 관련)

교육내용
· 대상화학물질의 명칭(또는 제품명) · 물리적 위험성 및 건강 유해성 · 취급상의 주의사항 · 적절한 보호구 · 응급조치 요령 및 사고 시 대처방법 · 물질안전보건자료 및 경고표지를 이해하는 방법

+ 안전보건교육의 방법[1]

제3조의2(근로자 등 안전보건교육의 방법)
① 사업주 등은 근로자 등 안전보건교육을 자체적으로 실시하거나 법 제29조제4항에 따라 근로자 안전보건교육기관에 위탁하여 실시할 수 있다.
② 사업주 등이 근로자 등 안전보건교육을 자체적으로 실시할 때에는 다음 각 호의 사항을 준수하여야 한다.

3. 교육형태: 다음 각 목에 따른 교육형태 중 어느 하나 또는 혼합한 방식으로 할 것. 다만, 관리감독자 정기교육은 해당연도 총 교육시간의 2분의 1 이상, 특별교육은 총 교육시간의 3분의 2 이상을 가목이나 나목 또는 라목의 형태로 할 것

가. 집체교육
나. 현장교육
다. 인터넷 원격교육
라. 비대면 실시간교육

제3조의3(특수형태근로종사자 안전보건교육의 방법)
① 특고노무수령자는 특수형태근로종사자 안전보건교육을 자체적으로 실시하거나 규칙 제95조제3항에 따라 근로자 안전보건교육기관

---

[1] 고용노동부의 〈안전보건교육 안내서〉(2024)를 참고했으며, 주제에 필요한 부분만 일부 첨부하였습니다.

에 위탁하여 실시할 수 있다.

② 특고노무수령자가 특수형태근로종사자 안전보건교육을 자체적으로 실시할 때에는 다음 각 호의 사항을 준수하여야 한다.

2. 교육형태: 다음 각 목에 따른 교육형태 중 어느 하나 또는 혼합한 방식으로 할 것. 다만, 특별교육은 총 교육시간의 3분의 2 이상을 가목이나 나목 또는 라목의 형태로 할 것

가. 집체교육
나. 현장교육
다. 인터넷 원격교육
라. 비대면 실시간교육

제4조(현장교육)
근로자 등 안전보건교육 또는 특수형태근로종사자 안전보건교육을 현장교육의 형태로 교육할 때에는 다음 각 호의 사항을 준수하여야 한다.

1. 교육종류별 강사 자격이 있는 사람이 주관하여 실시할 것
2. 교육한 사실을 확인할 수 있는 보고서 또는 일지를 작성할 것

제5조(인터넷 원격교육)
근로자 등 안전보건교육 또는 특수형태근로종사자 안전보건교육을

인터넷 원격교육의 형태로 교육할 때에는 다음 각 호의 사항을 준수하여야 한다.

1. 교육과정을 여러 과목으로 구성하는 경우 과목당 교육시간은 1시간(60분) 이상으로 하고 이 중 강의 동영상 비중은 50%(30분) 이상을 확보할 것
2. <u>별표 2</u> 제1호에 따른 기준을 따를 것
3. PDA, 스마트폰, 태블릿PC 등 무선망을 이용할 수 있는 휴대용 기기를 통한 인터넷 원격교육(이하 "모바일 원격교육"이라 한다)을 하는 경우 다음의 각 목의 사항을 준수할 것

가. 교육을 실시하기 전 또는 교육과정에 접속할 때마다(교육과정이 여러 개의 과목으로 구성된 경우 과목별로 접속할 때마다) 작업 또는 운전 시 수강을 금지한다는 내용을 공지하고 교육생의 확인을 받은 후 교육을 시작할 것
나. 작업 또는 운전 시 교육 수강을 제한하도록 관리하거나 제한하는 기능을 갖출 것
다. 교육생이 작업 또는 운전 시 모바일 원격교육을 수강한 사실을 적발한 경우 모바일 원격교육을 중단하고 집체교육, 현장교육 또는 비대면 실시간교육의 형태로 다시 교육할 것

제6조(비대면 실시간교육)

근로자 등 안전보건교육 또는 특수형태근로종사자 안전보건교육을

비대면 실시간교육의 형태로 교육할 때에는 별표 2 제2호에 따른 기준을 준수하여야 한다.

제7조(우편통신교육)
관리감독자 정기교육을 우편통신교육의 형태로 교육할 때에는 다음 각 호의 사항을 준수하여야 한다.

1. 교육기간은 연간 1개월 이상으로 할 것
2. 교육생의 자율학습이 가능하도록 제1호에 따른 교육기간 내에 정기적으로 교재를 송부할 것
3. 별표 2 제1호에 따른 기준을 따를 것

[별표 2] (개정 2023. 2. 21.)
인터넷 원격교육 등의 기준
(제5조 및 제6조 관련)

1. 인터넷 원격교육과 우편통신교육의 기준

구분	기준
가. 전산시스템	1) 네트워크: 자체 DNS 등록 및 환경을 구축할 것 2) 방화벽: 보안서버 이외에 외부해킹 또는 바이러스로부터 데이터를 보호할 수 있는 보안서비스나 방화벽을 갖출 것 3) 홈페이지: 전용 홈페이지를 갖추어야 하며 교육생모듈, 강사모듈, 관리자모듈 등 각각의 전용 모듈을 갖출 것
나. 교육내용	1) 전체 교육 시간대별 세부 교육내용이 제시되고, 제시된 교육 내용이 정확하여야 하며, 텍스트, 시각자료, 청각자료 등을 통하여 교육목적 달성에 부합할 수 있을 것 2) 적정한 보충·심화학습이 가능하고 교육 진행을 위한 안내 설명 및 도움말 기능이 적절하게 제시되고 있을 것 3) 교육자료의 수집 및 보관이 용이하고 교육내용과 관련된 질의응답이 웹상으로 가능할 것

다. 교육관리	1) 대리수강 방지를 위해 교육시작 시 휴대폰을 이용한 인증번호 확인시스템 또는 공동인증서 등을 통한 확인 등의 본인확인시스템이 갖추어져 있을 것 2) 동일 ID에 대한 동시접속방지기능을 갖출 것 3) 과정별 최초 1회 수강 시 순차학습을 통하여 교육생이 진도를 나가지 않은 페이지는 페이지 내 비게이션과 컨트롤 버튼이 작동하지 않도록 제어하여야 하며 수시로 교육생이 교육에 참여(질의)토록 하여 충실한 학습이 이루어지도록 할 것 4) 교육기간, 교육방법, 교육기관 소개, 교육진행절차(수강신청, 학습보고서 작성·제출, 평가, 수료기준 등) 등에 관한 안내가 웹상(교육생 모듈)에서 이루어지고 있을 것 5) 수강번호, 교육생 성명, 교육과정명, 교육개시일 및 종료일, 최초 및 마지막 수강일 등 수강신청 현황이 웹상(교육생 모듈)에 갖추어져 있고 수강신청 및 변경이 웹상(교육생 모듈)에서 가능할 것 6) 교육생별 수강신청일자, 진도율, 평가일, 평가결과 송부일 등 수강현황이 웹상(관리자 모듈, 교육생 모듈)에 기록되고 교육생의 개인이력(수강번호, 성명, 소속, 연락번호 등)과 학습이력(수강과정, 수강신청일, 수료일 등)이 교육생모듈에 개인별로 갖추어져 있을 것 7) 교육참여가 저조한 교육생들에 대한 독려 시스템(관리자 모듈)이 갖추어져 있을 것 8) 교육생모듈 초기화면에 교육생 유의사항을 안내할 것
라. 교육평가관리	〈공통〉 1) 인터넷 원격교육과 우편통신교육을 실시한 경우 교육에 대한 평가를 실시하여야 한다. 2) 1)에 따른 평가(이하 "평가")는 ① 객관식, 단답형, 주관식 등의 학습평가 ② 개인별 보고서 등 과제물에 의한 과제평가 ③ 학습진도율평가로 구성할 수 있다. 3) 평가는 절대평가를 원칙으로 한다. 4) 평가는 주어진 교육기간 내에 응시 및 제출한 것에 한정하여 득점으로 인정한다. 5) 학습평가의 시험은 문제 pool 방식(3배수 이상 확보)으로 출제하고, 과제출제는 5개 유형 이상을 확보할 것 6) 학습평가를 위한 시험, 과제평가를 위한 과제제출 등의 평가 도구가 적절하고 평가도구별 세부 내역 및 배점 기준 등이 명확하게 적혀 있고 이를 안내할 것 7) 베낀 답안 방지대책 및 베낀 답안 발생 시 처리기준이 있고, 교육생이 인지할 수 있도록 안내할 것

라. 교육평가관리	〈인터넷 원격교육〉 8) 평가는 과목별로 실시하여야 한다. 9) 배점 기준은 학습평가 80%, 학습진도율평가 20%로 하여 총 득점의 70% 이상 득점한 자를 이수토록 한다. 다만, 학습진도율은 과목별 교육시간의 90% 이상을 이수하여야 한다. 10) 과목별 학습을 마친 후 학습평가를 위한 시험은 3회까지 응시할 수 있다. 다만, 시험에서 불합격한 교육생이 해당 과목의 과목별 교육시간을 90% 이상 재학습한 경우 시험을 3회까지 재응시할 수 있다. 11) 9)에도 불구하고 교육기관은 학습평가 대신 학습평가와 과제평가를 병행할 수 있으며, 이 경우 과제평가의 배점 기준은 20% 이하로 하여야 한다. 12) 11)에 따라 과제평가를 실시한 경우 교육기관은 제출된 과제물을 첨삭하여 교육생에게 통보하여야 하며 첨삭 결과를 교육생 모듈에서 확인이 가능하도록 하여야 한다. 〈우편통신교육〉 13) 근로자 안전보건교육기관은 우편통신교육의 교육생에게 시험일시 또는 과제물 작성방법과 제출기한을 교육 실시 전에 통보하여야 한다. 14) 우편통신교육의 평가에 대한 인정기준은 근로자 안전보건교육 기관이 정한다. 15) 사업주는 우편통신교육을 수강하였으나 14)에 따른 인정기준에 미달한 관리감독자에게 우편통신교육 외 다른 형태의 교육을 실시하여야 한다.

2. 비대면 실시간교육의 기준 <신설>

구분	기준
가. 플랫폼	1) 강사와 교육생이 실시간 화상으로 표출되고 쌍방향 의견 교환이 가능하며 보안 기능이 구축된 플랫폼을 사용할 것 2) 강사와 교안을 동시에 송출할 수 있을 것 3) 강사가 교안에 판서를 할 수 있고 이를 실시간으로 송출이 가능할 것
나. 과정 개설	1) 전체 교육시간 동안 강사와 교육생이 실시간으로 쌍방향 소통이 가능할 것 2) 과정 개설은 과정당 50회선 이하로 운영할 것 3) 회선당 인원은 1명으로 할 것
다. 정보 제공	1) 교육을 실시하기 전 교육대상자에게 교육일시, 교육방법, 교육진행 절차, 접속 주소(URL), 웹카메라·마이크 등 교육에 필요한 장비, 교육생 유의사항 등에 관한 안내가 이루어질 것 2) 교육목표, 출결 관리, 수료기준 등에 대한 정보가 제공될 것
라. 수강 신청	1) 교육을 실시하기 전 교육생 성명, 교육과정명, 교육일시 등 수강 신청 현황을 갖출 것
마. 출석·수강확인	1) 플랫폼 화면, 실시간 게시판, 접속기록, 별도의 전산시스템 등을 통해 교육생 출석수강 여부를 과목별(차시별)로 확인하고 출결관리 기록을 보존할 것 2) 접속 불량 등의 사유로 실시간 확인이 불가한 경우 SNS, 전화, 문자메시지 등으로 대체 가능 3) 교육생의 개인정보 수집에 대한 안내를 명시할 것
바. 질의 및 응답	1) 교육내용 및 운영에 관한 사항에 대한 질의 및 응답을 할 수 있게 운영할 것

+ 안전보건교육 강사 기준[2]

제3조의2

② 사업주 등이 근로자 등 안전보건교육을 자체적으로 실시할 때에는 다음 각 호의 사항을 준수하여야 한다.

5. 강사: <u>규칙 제26조제3항</u>과 이 고시 <u>별표 1</u>에 따른 기준을 만족하는 사람(소속 근로자 등이 아닌 사람을 포함한다)으로 할 것. 다만, 강사가 직접 출연할 수 없는 동영상이나 만화 등을 활용한 인터넷 원격교육을 할 때에는 본문에 따른 강사가 교육내용을 감수하는 등 교육과정 제작에 참여하도록 할 것.

[규칙 제26조제3항]

사업주가 법 제29조제1항부터 제3항까지의 규정에 따른 안전보건교육을 자체적으로 실시하는 경우에 교육을 할 수 있는 사람은 다음 각 호의 어느 하나에 해당하는 사람으로 한다.

1. 다음 각 목의 어느 하나에 해당하는 사람
가. 법 제15조제1항에 따른 안전보건관리책임자
나. 법 제16조제1항에 따른 관리감독자
다. 법 제17조제1항에 따른 안전관리자(안전관리전문기관에서 안전관리자의 위탁업무를 수행하는 사람을 포함한다)

---

[2] 고용노동부의 〈안전보건교육 안내서〉(2024)를 참고했으며, 주제에 필요한 부분만 일부 첨부하였습니다.

라. 법 제18조제1항에 따른 보건관리자(보건관리전문기관에서 보건관리자의 위탁업무를 수행하는 사람을 포함한다)

마. 법 제19조제1항에 따른 안전보건관리담당자(안전관리전문기관 및 보건관리전문기관에서 안전보건관리담당자의 위탁업무를 수행하는 사람을 포함한다)

바. 법 제22조제1항에 따른 산업보건의

2. 공단에서 실시하는 해당 분야의 강사요원 교육과정을 이수한 사람

3. 법 제142조에 따른 산업안전지도사 또는 산업보건지도사(이하 "지도사"라 한다)

4. 산업안전보건에 관하여 학식과 경험이 있는 사람으로서 고용노동부장관이 정하는 기준에 해당하는 사람

(제목개정 2023. 9. 27.)

제3조의2

③ 사업주 등으로부터 근로자 등 안전보건교육을 위탁받은 근로자 안전보건교육기관이 교육과정을 개설·운영할 때에는 다음 각 호의 사항을 준수하여야 한다.

3. 강사: 영 별표 10 제2호와 이 고시 별표 1 제5호의 기준을 만족하는 사람(소속 강사가 아닌 사람을 포함한다)으로 할 것. 다만, 강사가 직접 출연할 수 없는 동영상이나 만화 등을 활용한 인터넷 원격교육을 할 때에는 본문에 따른 강사가 교육내용을 감수하는 등 교육과정 제작에 참여하도록 할 것.

[별표 10] 「산업안전보건법 시행령」
(제40조1항 관련)[3]

나. 강사: 다음의 어느 하나에 해당하는 사람 2명 이상

1) 가목에 따른 총괄책임자의 자격이 있는 사람

2) 산업안전·보건 분야 기사 자격을 취득한 후 실무경력이 3년 이상인 사람

3) 산업안전·보건 분야 산업기사 자격을 취득한 후 실무경력이 5년 이상인 사람

4) 「의료법」에 따른 의사 또는 간호사 자격을 취득한 후 산업보건 분야 실무경력이 2년 이상인 사람

5) 「고등교육법」 제2조(제2호, 제6호 및 제7호는 수업연한이 4년인 경우로 한정한다)에 따른 학교에서 산업안전·보건 분야 관련 학위를 취득한 후(다른 법령에서 이와 같은 수준 이상의 학력이 있다고 인정받은 경우를 포함한다) 해당 분야에서 실제 근무한 기간이 3년 이상인 사람

6) 5)에 해당하지 않는 경우로서 산업안전·보건 분야 석사 이상의 학위를 취득한 후 산업안전·보건 분야에서 실제 근무한 기간이 3년 이상인 사람

7) 7급 이상 공무원(고위공무원단에 속하는 일반직공무원을 포함한다)으로 근무한 기간 중 산업재해 예방 행정 분야에 실제 근무한 기간이 3년 이상인 사람

8) 공단 또는 비영리법인에서 산업안전·보건 분야에 실제 근무한 기간이 5년 이상인 사람

---

3) 고용노동부의 〈안전보건교육 안내서〉(2024)를 참고했으며, 주제에 필요한 부분만 일부 첨부하였습니다.

[별표 1] (개정 2023. 2. 21.)
근로자 등 안전보건교육 강사기준
(제3조의2, 제10조, 제15조 관련)

1. 안전보건교육기관 및 직무교육기관의 강사와 같은 등급 이상의 자격을 가진 사람
2. 사업주, 법인의 대표자, 대표이사 및 안전보건 관련 이사
3. 「중대재해 처벌 등에 관한 법률 시행령」제4조제2호에 따른 안전·보건에 관한 업무를 총괄·관리하는 전담 조직에 소속된 사람으로서 안전·보건에 관한 업무 경력이 있는 사람. 이 경우 이 사람은 소속되어 있는 조직이 안전·보건에 관한 업무를 총괄·관리하는 모든 사업장을 대상으로 교육할 수 있다.
4. 사업장 내에서 이루어지는 작업에 3년 이상 근무한 경력이 있는 사람으로서 사업주가 강사로서 적정하다고 인정하는 사람.
5. 다음 각 목의 어느 하나에 해당하는 사람으로서 실무경험을 보유한 사람

가. 법 제21조제1항에 따른 안전관리전문기관과 보건관리전문기관, 법 제74조에 따른 건설재해예방전문지도기관 및 법 제120조에 따른 석면조사기관의 종사자로서 실무경력이 3년 이상인 사람

나. 소방공무원 및 응급구조사 국가자격 취득자로서 실무경력이 3년 이상인 사람

다. 근골격계 질환 예방 전문가(물리치료사 또는 작업치료사 국가면허 취득자, 1급 생활스포츠지도사 국가자격 취득자) 또는 직무스

트레스예방 전문가(임상심리사, 정신보건임상심리사 등 정신보건 관련 국가면허 또는 국가자격·학위 취득자)
라. 「의료법」 제5조 또는 제7조에 따라 의사 또는 간호사 자격을 가진 사람
마. 「공인노무사법」 제3조에 따라 공인노무사 자격을 가진 사람
바. 「변호사법」 제4조에 따라 변호사 자격이 있는 사람
사. 한국교통안전공단에서 교통안전관리 실무경력이 3년 이상인 사람
아. 보건복지부에서 실시하는 자살예방 생명지킴이(게이트키퍼) 강사양성교육 과정 이수자 및 보고듣고말하기 강사양성교육 과정 이수자

+ 안전보건교육 교재[4]

제3조의2 2항4

교재: 규칙 제36조제1항에 따라 교육종류별 교육내용에 적합한 교재를 사용할 것

산업안전보건법 시행규칙 (시행 2025. 1. 1.)

[고용노동부령 제419호, 2024. 6. 28., 일부개정]

제36조(교재 등)

① 사업주 또는 법 제33조제1항에 따른 안전보건교육기관이 법 제29조·제31조 및 제32조에 따른 교육을 실시할 때에는 별표 5에 따른 안전보건교육의 교육대상별 교육내용에 적합한 교재를 사용해야 한다.
② 안전보건교육기관이 사업주의 위탁을 받아 제26조에 따른 교육을 실시하였을 때에는 고용노동부장관이 정하는 교육 실시확인서를 발급해야 한다.

---

[4] 고용노동부의 〈안전보건교육 안내서〉(2024)를 참고했으며, 주제에 필요한 부분만 일부 첨부하였습니다.

+ 교육 실시확인서

안전보건교육규정 [별지 제4호 서식] (개정 2023. 2. 21.)

제 호

교육 실시확인서

[ ] 근로자　　　　[ ] 특수형태근로종사자

1. 교육 실시 사업장
   ○ 사업장명:
   ○ 대 표 자:

2. 실시한 교육과정

교육과정명	교육종류	교육기간	교육이수자(명)
		. . . ~ . . . (시간)	

※ 교육이수자 명단은 별첨

위 사업장은 위의 교육과정을 실시하였으므로 「안전보건교육규정」 제40조제1항에 따라 이 확인서를 발급합니다.

년　월　일

근로자 안전보건교육기관의 장　　[직인]

출처: 고용노동부, 〈안전보건교육 안내서〉(2024)

+ 산업안전교육을 진행하지 않았을 때 미치는 영향[5]

산업안전보건교육을 진행하지 않을 경우, 기업과 근로자 모두에게 다음과 같은 심각한 영향이 발생할 수 있습니다.

1. 법적 제재와 경제적 손실

과태료 부과: **근로자 안전보건교육**을 실시하지 않았을 경우, **산업안전보건법**에 따라 과태료가 부과됩니다. 과태료는 교육의 종류, 대상, 위반 횟수 등에 따라 다르게 적용됩니다.

1) 과태료 기준

산업안전보건법 시행령 [별표 35] (개정 2023. 6. 27.)

교육 종류	과태료 금액
파. 법 제29조제1항(법 제166조의2에서 준용하는 경우를 포함한다)을 위반하여 정기적으로 안전보건교육을 하지 않은 경우	1) 교육대상 근로자 1명당 1차 10만 원, 2차 20만 원, 3차 50만 원 2) 교육대상 관리감독자 1명당 1차 50만 원, 2차 250만 원, 3차 500만 원
하. 법 제29조제2항(법 제166조의2에서 준용하는 경우를 포함한다)을 위반하여 근로자를 채용할 때와 작업내용을 변경할 때(현장실습생의 경우는 현장실습을 최초로 실시할 때와 실습내용을 변경할 때를 말한다) 안전보건교육을 하지 않은 경우	교육대상 근로자 1명당 1차 10만 원, 2차 20만 원, 3차 50만 원

---

[5] 고용노동부의 〈안전보건교육 안내서〉(2024)를 참고했으며, 주제에 필요한 부분만 일부 첨부하였습니다.

거. 법 제29조제3항(법 제166조의2에서 준용하는 경우를 포함한다)을 위반하여 유해하거나 위험한 작업에 근로자를 사용할 때(현장실습생의 경우는 현장실습을 실시할 때를 말한다) 안전보건교육을 추가로 하지 않은 경우	교육대상 근로자 1명당 1차 50만 원, 2차 100만 원, 3차 150만 원
너. 법 제31조제1항을 위반하여 건설 일용근로자를 채용할 때 기초안전보건교육을 이수하도록 하지 않은 경우	교육대상 근로자 1명당 1차 10만 원, 2차 20만 원, 3차 50만 원
더. 법 제32조제1항을 위반하여 안전보건관리책임자 등으로 하여금 직무와 관련한 안전보건교육을 이수하도록 하지 않은 경우	1) 법 제32조제1항제1호부터 제3호까지의 규정에 해당하는 사람으로 하여금 안전보건교육을 이수하도록 하지 않은 경우 1차 500만 원, 2차 500만 원, 3차 500만 원 2) 법 제32조제1항제4호에 해당하는 사람으로 하여금 안전보건교육을 이수하도록 하지 않은 경우 1차 100만 원, 2차 200만 원, 3차 500만 원 3) 법 제32조제1항제5호에 해당하는 사람으로 하여금 안전보건교육을 이수하도록 하지 않은 경우 1차 300만 원, 2차 300만 원, 3차 300만 원

2) 과태료 부과 방식

- 사업주(사용자)에게 부과

: 사업주는 교육을 제공할 법적 의무가 있으므로, 과태료의 대상이 됩니다.

- 위반 횟수에 따른 차등 부과

: 반복적인 위반 시 과태료가 증가할 수 있습니다.

2. 산업재해 증가

· **사고 및 재해 발생 가능성 증가**: 안전교육 부재는 작업 중 사고의 주요 원인입니다. 근로자가 위험 요인을 인지하지 못하거나 적절히 대응하지 못해 사망 또는 중상해 사고로 이어질 수 있습니다.

· **생산성 저하**: 사고로 인한 부상이나 장기 결근은 생산성 손실을 초래하며, 대체 인력 고용 및 추가 훈련 비용이 발생합니다.

3. 기업 이미지 손상

안전사고가 잦은 기업은 **사회적 평판**이 나빠지고, 이는 장기적으로 거래처와 소비자의 신뢰 상실로 이어질 수 있습니다.

사회적 책임을 다하지 않는 기업으로 평가받아 공공프로젝트 참여 제한이나 입찰 기회 상실 위험이 있습니다.

4. 근로자 사기 저하

안전사고가 빈번하게 발생하는 환경에서는 근로자가 불안감을 느껴 사기와 직무 만족도가 하락합니다.

이는 **이직률 증가**로 이어질 수 있습니다.

궁금하니?

직장 내 장애인인식개선교육

직장 내 장애인인식개선교육을 왜 해야 할까요?

> 모든 사업주는 직장 내 장애인 인식개선을 위한 교육을 **매년 1회 이상** 해야 합니다.
> 「장애인고용촉진 및 직업재활법」 제5조의2

위반 시 300만 원 이하의 과태료 부과
「장애인고용촉진 및 직업재활법」 제86조(과태료)제2항

직장 내 장애인인식개선교육은 장애인에 대한 편견과 차별을 해소하고, 장애인 근로자가 직장에서 동등하게 존중받을 수 있는 환경을 조성하기 위해 고용노동부가 법적으로 의무화한 제도입니다.

직장 내 장애인인식개선교육이 법적으로 의무화된 것은 장애인 고용과 직업 활동에서의 차별 해소와 사회적 포용성 증대를 위한 정부의 정책적 노력이 반영된 결과입니다.

1. 장애인 고용률 향상을 위한 필요성

1) 장애인 고용의 어려움

우리나라의 장애인 고용률은 비장애인에 비해 현저히 낮은 수준으로, 장애인들이 경제활동에 적극적으로 참여하지 못하는 경우가 많았습니다. 「장애인고용촉진 및 직업재활법」에 따라 일정 규모 이상 사업장은 의무적으로 장애인을 고용해야 하지만, 여전히 편견과 차별로 인해 장애인의 고용 환경이 제한적이었습니다.

2) 편견과 차별

장애인 고용을 꺼리거나, 직장에서 동등한 권리와 기회를 부여하지 않는 사례가 빈번했습니다.
장애를 단순히 "능력 부족"으로 인식하는 왜곡된 시각이 고용 환경에서 배제와 차별로 이어지는 구조적 문제를 야기했습니다.

2. 장애인 차별 금지 및 권리 보장을 위한 국제적 흐름

1) 유엔장애인권리협약(UN CRPD)

한국은 2008년 유엔장애인권리협약을 비준하며, 장애인의 노동권 보장을 포함한 권리 보호를 강화하기로 약속했습니다.
협약에서는 장애인에 대한 사회적 인식개선을 장애인 권리 보장의 중요한 요소로 명시하고 있습니다.

2) 국제 사례

미국의 ADA(Americans with Disabilities Act)와 같은 선진국의 법령에서도, 직장에서 장애인을 포함한 다양한 구성원이 협력할 수 있는 교육 프로그램이 의무화되어 있습니다.

3. 국내 법적 제도와 정책 변화

1) 「장애인고용촉진 및 직업재활법」의 개정

2018년부터 직장 내 장애인인식개선교육이 의무화되었습니다. 기존의 장애인 고용 제도는 장애인 고용 비율에 초점이 맞춰져 있었으나, 단순한 고용률 상승만으로는 차별을 없앨 수 없다는 인식이 확산되면서, 조직 내 문화와 태도 변화가 중요하다는 방향으로 법이 강화되었습니다.

2) 장애인 차별금지법(2008)

「장애인차별금지 및 권리구제 등에 관한 법률」은 장애인이 일터에서 차별받지 않을 권리를 보장했지만, 이를 실질적으로 뒷받침하기 위해선 인식개선 교육이 필요하다는 평가가 있었습니다.

4. 직장 내 장애인의 권리 보장과 공정성 요구

1) 장애인 고용 후 이직 문제

장애인이 직장에서 자주 이직하거나, 경력 개발이 제한되는 사례는 조직 내 차별적 관행과 문화가 큰 원인 중 하나였습니다.

장애인인식개선교육을 통해 이러한 문제를 사전에 방지하고자 했습니다.

2) 공정성과 다양성에 대한 사회적 요구 증가
현대 사회에서 기업과 조직은 다양성과 포용성을 중요한 가치로 삼아야 한다는 요구를 받고 있습니다.
장애인은 고용 시장에서 중요한 다양성 요소로 인정받기 시작했으며, 이를 뒷받침할 교육 제도가 필요했습니다.

5. 정부의 정책 목표

1) 고용평등 실현
장애인과 비장애인이 동등하게 근로할 수 있는 환경을 조성하는 것이 핵심 목표입니다.

2) 사회적 통합
장애인의 경제활동 참여를 확대하고, 사회적 편견과 장벽을 해소하여 사회 통합을 촉진하는 데 주안점을 두었습니다.

직장 내 장애인인식개선교육은 단순히 법적 의무를 넘어, 장애인 고용 확대와 장애 차별 해소, 그리고 조직 내 다양성과 포용성을 증진시키기 위한 사회적, 정책적 흐름에서 비롯되었습니다. 이를 통해 장애인도 동등하게 존중받으며 자신의 잠재력을 발휘할 수 있는 사회로 나아가는 기반을 마련하고자 한 것입니다.

직장 내 장애인인식개선교육 대상자와 교육 시간은 어떻게 되나요?

연 1회 1시간 이상 모든 구성원

사업주 1인 사업체 포함하여 대표이사 및 임원을 포함한 소속 전 직원 대상으로 교육을 실시해야 합니다.

부재중인 근로자	교육일에 휴가, 출장 중인 직원이 있을 경우 추가 교육을 실시해야 하며, 중도 입사자도 교육대상
공무원	교육대상에서 제외되나 국가기관, 지방자치단체의 장은 교육대상(「장애인고용촉진 및 직업재활법」에 따라 교육 의무가 있는 사업주로 간주)
파견근로자	파견근로자에 대한 교육 실시 의무는 원칙적으로 파견 사업주에게 있으며, 사용사업주가 교육 실시한 경우도 인정(상시 50인 이상 사업주 해당)

교육대상에서 제외할 수 있는 자
- 비상근 임원 등에 해당하는 자는 교육대상에서 제외 가능(단, 사업주는 비상근이더라도 제외할 수 없음)

: 「직장 내 장애인 인식개선 교육 규정」 제3조제2항
- 1개월 동안의 소정근로시간이 60시간 미만(중증장애인 제외)이거나 16일 미만 고용된 근로자(휴직자 포함)는 교육대상에서 제외 가능
: 「장애인고용법」 제2조5호, 동법 시행령 제5조, 규정 제3조제2항

직장 내 장애인인식개선교육의
실시 주체와 교육방법은?

교육 실시 주체

○ **(자체교육)** 사업주, 내부직원 또는 내외부 전문강사가 교육

- 사업주는 전문강사*를 위촉하거나 사업주 또는 내부 직원이 관련 교육 자료**를 활용하여 자체적으로 교육 실시 가능

  * 공단이 실시하는 전문강사 양성교육을 수료한 강사
  ** 공단 배포 자료(직장 내 장애인 인식개선 교육포털(edu.kead.or.kr) 참조), 전문강사 및 지정 교육기관에서 적정한 기준에 따라 제작한 교육 자료 등

- 다만, 상시근로자 수 300인 이상 사업체에서 사업주 또는 내부 직원이 교육을 직접 실시하고자 하는 경우, 해당 사업주 또는 직원은 공단이 실시하는 강사 양성 교육(전문강사 또는 사내강사 양성 교육)을 반드시 수료*

  * 법 제5조의2제4항, 시행령 제5조의2제3항, 시행규칙 제4조의5제1항 및 규정 제8조제2항

> **[상시근로자 수의 판단]**
> - 상시근로자 수는 장애인 고용계획 및 실시상황보고서의 월평균 상시근로자 수를 기준으로 판단하되 사업체에서는 전년도 상시근로자 수와 근로자 증감 추이 등을 고려하여 자격 있는 강사(전문강사 또는 사내강사 양성교육 수료자)가 교육을 실시할 수 있도록 준비하여야 함
> - 다만 일시적·계절적·외부 요인 등 예측 불가능한 사유가 있는 경우 해당 기준의 당해 연도 적용을 유예하거나 제외할 수 있음

○ **(위탁교육)** 직장 내 장애인 인식개선 교육기관*(교육기관 소속 전문강사 등에 의한 교육) 위탁

* 직장 내 장애인 인식개선 교육포털(edu.kead.or.kr) 내 "교육기관 찾기" 참조

> **[강사지원 사업 수행기관]**
> - 상시근로자 수 5인 이상 300인 미만 사업장(사업자등록증 기준)의 경우 공단에서 위탁한 강사지원 사업 수행기관에서 전문강사에 의한 무료 교육 제공
> 〈붙임1 참고〉
> - 인식개선 교육포털(edu.kead.or.kr)에서 강사지원 수행기관 확인 후 공단 상담 또는 개별 신청 가능
> - 교육방법(집합, 실시간 화상교육), 횟수, 예산 소진 등에 따라 지원 제한 가능

교육 실시 방법

○ **(집합교육)** 교육을 실시하기에 적합한 시설에서 직원연수·조회·회의 등 대면*으로 실시하는 인식개선 교육

* 대면에 준하는 비대면교육을 포함(예: 일정시간을 정해 이루어지는 화상회의 등 비대면 실시간교육)

- 집합교육을 실시할 때에는 적절한 관리자(강사, 교육담당자, 직원 등)에 의해 교육대상자의 교육 참여, 이수 관리(교육대상자 서명이 포함된 참석자 명단 관리 등을 포함)가 이루어져야 함

○ **(원격교육)** 인터넷 등 정보통신매체를 활용하여 교육을 실시하고 온라인으로 교육생 관리 등을 할 수 있는 교육

- **(인터넷 교육기관)** 직장 내 장애인 인식개선 교육기관으로 지정받은 원격 교육업체*를 이용한 교육

* 인터넷 교육기관은 공단 전문강사 양성과정을 수료한 강사가 직접 출연하거나 교육과정 제작(내용 감수 등)에 참여한 교육 콘텐츠를 제공하여야 함
※ 직장 내 장애인 인식개선 교육포털(edu.kead.or.kr) 내 "강사/기관찾기"에서 확인 가능

- **(자체 원격교육 시스템)** 사업주가 자체적으로 학습관리시스템(LMS, Learning Management System)을 갖추고 있는 경우에는 공단 지정 교육기관 또는 자격을 갖춘 강사*가 제공한 원격교육용 학습 자료를 이용하여 실시 가능

* 공단 전문강사 및 사내강사 교육과정을 이수한 강사

- **(콘텐츠 공동활용 기관)** 공단과 공공기관 등의 협업으로 운영 중인 온라인 콘텐츠 공동 활용 기관*을 이용한 교육**

* 서울특별시, 경기도, 중앙교육연수원, 한국보건복지인재원, 국가과학기술인력개발원
** 사업체 교육 편의를 위해 해당 공공기관과 협의를 통해 제공되는 교육으로 해당 기관의 사정에 따라 임의로 서비스 제공이 중단될 수 있으며, 교육 콘텐츠의 선정, 교육 인원 관리 등은 사업체의 책임하에 진행하여야 함

- **(공단 이러닝 센터)** 공단 원격교육 사이트를 통한 원격교육*

* 직장 내 장애인 인식개선 교육포털(edukeador.kr) 내 "이러닝시스템 바로가기"를 통해 수강 가능

[원격교육에 해당하지 않는 교육]
• 온라인으로 교육생 관리가 이루어져야 하므로 전자적 방법을 통해 수료생의 교육 시간, 출석, 이수 관리 등이 이루어지지 않는 교육은 원격교육에 해당하지 않음
• 따라서 단순히 교육 동영상 등을 배포하여 개별적으로 시청하도록 한 뒤 추후 일괄하여 수료생 명부를 작성하는 등의 교육방법은 적합한 교육으로 볼 수 없음
• 단 적절한 관리자에 의한 출석, 수료 관리 등이 이루어지는 가운데 일정한 시간을 정하여 적절한 동영상 콘텐츠(전문·사내 강의 영상 또는 공단·교육기관 제작 동영상 등)를 활용하여 부서·팀, 분임 단위로 시청한 경우는 집합교육으로 인정 가능

○ **(체험교육)** 사업주는 장애인 인식개선과 관련된 문화·체험활동을 교육 과정 일부로 진행 가능
- **(교육내용)** 다른 교육방법과 병행하여 법령에서 정하고 있는 교육

필수 내용에 대한 교육이 누락되지 않도록 조치*

* 법령에서 정하고 있는 필수 교육 내용이 누락되지 않도록 자격을 갖춘 전문강사 등에 의한 교육이 이루어져야 함

- **(교육기관)** 직장 내 장애인 인식개선 교육기관으로 지정받은 체험 교육장을 이용하거나 교육기관 중 문화·체험형 교육기관에 위탁하여 교육 실시 가능

  ※ 직장 내 장애인 인식개선 교육포털(edu.kead.or.kr) 내 "강사/기관찾기"에서 확인 가능

○ **(간이교육)** 장애인 고용 의무가 없는 상시 50인 미만 사업주는 고용노동부장관이 보급한 교육자료*를 활용한 간이교육** 가능

  * 관련 교육자료(리플릿 포함)는 직장 내 장애인 인식개선 교육포털(edu.kead.or.kr) 내 "자료실"에서 다운로드 가능
  ** 교육자료 배포·게시 또는 전자우편을 통한 교육자료 송부 등의 방법 인정

○ **(통합인식개선교육 콘텐츠)** 「장애인복지법」 제25조에 따라 사회적 장애 인식개선교육의 대상이 되는 기관*은 고용노동부장관과 보건복지부장관이 공동으로 제작·배포한 통합인식개선교육 콘텐츠를 활용하여 직장 내 장애인인식개선교육을 실시할 수 있음

  * 국가기관, 지방자치단체, 공공기관, 지방공사 및 공단, 특수법인, 어린이집, 유치원, 각급 학교 등
  ※ 신규 통합인식개선교육 콘텐츠 제작 중으로 연도 말 배포 예정

직장 내 장애인인식개선교육의 필수 내용은?

「장애인고용촉진 및 직업재활법」 제5조의2 및 관련 규정에 따라 직장 내 장애인인식개선교육은 다음의 내용을 반드시 포함해야 합니다. 이는 장애인에 대한 이해를 높이고, 직장 내 장애인 차별을 예방하며, 장애인 근로자와 비장애인 근로자가 함께 협력할 수 있는 환경을 조성하기 위해 법적으로 규정된 항목들입니다.

1. 장애의 정의 및 장애인의 인권

1) 장애의 정의
- 장애의 개념과 유형(신체적, 정신적, 발달적 장애 등)에 대한 설명
- 장애인이 겪는 어려움과 직장 내에서의 고충 이해

2) 장애인의 인권
- 장애인의 기본적 권리와 이를 보장해야 하는 이유
- 직장 내에서 장애인 근로자가 동등하게 존중받아야 하는 근거

2. 장애인 차별 금지 및 관련 법령

1) 장애인 차별금지법
- 「장애인차별금지 및 권리구제 등에 관한 법률」에 따른 장애인 차별 금지 조항
- 고용에서의 차별 행위 사례(예: 고용 배제, 낮은 평가, 승진 제한 등)

2) 고용 관련 법률
- 「장애인고용촉진 및 직업재활법」에서 명시된 장애인 고용 의무
- 장애인을 고용한 사업주에 대한 정부 지원제도(세제 혜택, 보조금 등)

3. 장애인에 대한 인식 개선

1) 편견과 오해 해소
- 장애인 근로자에 대한 대표적인 편견(예: 능력 부족, 의존적이라는 인식)을 바로잡기
- 장애인은 적절한 환경과 지원만 있다면 비장애인과 동일하게 업무를 수행할 수 있다는 점 강조

2) 차별적 행동 및 언어 개선
- 직장 내 장애인을 대상으로 한 무심코 나오는 차별적 발언 사례와 대처 방법
- 장애인의 상황을 고려하지 않은 관행적 조직 문화 개선

4. 장애 유형별 소통 및 협력 방법

1) 장애 유형별 특성 이해
- 시각, 청각, 지체, 발달, 정신적 장애 등 다양한 장애 유형에 대한 설명
- 각 유형별로 직장에서 마주할 수 있는 상황과 대응 방법

2) 효과적인 소통 방법
- 장애 유형에 따른 적절한 의사소통 방식(예: 수어 사용, 보조기구 활용 등)
- 장애인 근로자의 의견을 경청하고 존중하는 대화법

5. 직장 내 장애인 근로자 지원 방안

1) 근무 환경 조정
- 장애인 근로자가 업무를 원활히 수행할 수 있도록 작업 환경을 조정하는 사례
- 장애 유형에 따른 보조기구나 시설 지원 방안

2) 협업 촉진
- 장애인과 비장애인 간 협업의 중요성 강조
- 장애인 근로자의 강점 발휘를 돕는 조직문화 조성

6. 장애인 고용 우수 사례

- 장애인을 고용하고 포용적 조직문화를 구축한 국내외 우수 사례를 공유
- 실제 기업이 장애인 고용을 통해 얻은 긍정적 효과(생산성, 다양성 등)

표준 교육 구성

○ 진행순서 및 교육내용 예시(1시간)

순서	교육내용	시간
도입	- 교육의 목적	10분
장애의 이해	- 장애의 정의, 장애에 대한 관점 등 장애에 대한 이해와 장애가 가지는 차이에 대한 존중 설명	40분
직장 내 장애 인권과 고용 안정 및 고용 확대	- 직장 내 장애인의 인권 - 직장 내 장애인 차별금지 및 정당한 편의 제공 설명 - 「장애인고용촉진 및 직업재활법」 및 관련 제도 개요 - 장애인 우수 고용 사례 등 기타 직장 내 장애인 인식 개선에 필요한 사항	
마무리	- 질의응답 및 토의	10분

* 공단에서 제작하여 배포한 동영상 및 PPT 등 교육 콘텐츠

○ 상세 교육 내용(예시)

순서	교육사항	상세 교육내용
도입	교육의 목적	직장 내 장애인 인식개선 교육의 필요성을 설명
장애의 이해	장애의 정의	장애인이란 '신체적·정신적 장애로 오랫동안 일상생활이나 사회생활에서 상당한 제약을 받은 자'를 말하고, 중증장애인은 '장애인 중 근로 능력이 현저하게 상실된 자'(법 제2조)를 설명
	장애에 대한 관점	장애를 의학적·물리적 손상이나 기능 제약에 초점을 두기보다 사회와 환경의 맥락 속에서 장애를 바라볼 수 있도록 설명
	장애의 유형	우리나라의 장애유형은 크게 신체적 장애(12개)와 정신적 장애(3개)로 나눌 수 있으며, 신체적 장애는 다시 외부기관의 장애(6개)와 내부기관의 장애(6개)로 나눔
직장 내 장애인 인권과 고용 안정 및 고용확대	직장 내 장애인의 인권	- 장애인의 모든 인권과 기본적 자유의 완전한 실현을 이룰 수 있도록 장애인의 권리를 보장하고 차별을 금지(장애인권리협약)해야 함을 설명 - 직장 내 장애인 차별사례(공단이 제공하는 자료 사용 권장)를 설명
	직장 내 장애인 차별금지 및 정당한 편의 제공	- 「장애인차별금지 및 권리구제 등에 관한 법률」에 따르면 사용자에게 장애인에 대한 정당한 편의제공의 의무를 부과하고 있으며, '정당한 사유 없이 장애인에 대하여 정당한 편의 제공을 거부'하는 것은 차별로 규정(법률 제11조) - 정당한 편의제공의 내용을 설명 1. 시설·장비의 설치 또는 개조 2. 직무 조정 3. 인적 지원 4. 제도 개선

직장 내 장애인 인권과 고용 안정 및 고용확대	「장애인고용촉진 및 직업재활법」 및 관련 제도 개요	장애인고용촉진 및 직업재활법의 개요를 설명하고 사업주가 갖는 법적 의무와 장애인을 고용과 관련한 사업주 지원서비스에 대하여 설명
	장애인 우수 고용 사례 등 기타 직장 내 장애인 인식 개선에 필요한 사항	- 장애유형별 직업영역개발 사례 - 업종별 장애인 고용 우수 기업 사례
마무리	질의응답 및 토의	교육 참가자로부터 질의를 받고 답변하며, 질의가 없는 경우 직장 내 장애인 인식개선 교육의 바람직한 사례를 소개함으로써 교육의 중요성을 강조하며 교육을 마침

직장 내 장애인인식개선교육 교재보급 관련?

관련 법 조항: 「장애인고용촉진 및 직업재활법」 제5조의2

> **〈장애인고용법 시행령〉**
> 제5조의2(직장 내 장애인 인식개선 교육) ① 사업주는 장애인에 대한 직장 내 편견을 제거함으로써 장애인 근로자의 안정적인 근무여건을 조성하고 장애인 근로자 채용이 확대될 수 있도록 장애인 인식개선 교육을 실시하여야 한다.

교육 교재 보급

○ **(집합교육용)** 사업주 및 인사담당자는 표준 교육 구성(가이드라인)에 따라 공단에서 제공하는 교육교재(멀티미디어 PPT, 동영상 보조자료)를 이용할 수 있으며 공단 교육포털(edu.kead.or.kr)에서 자료 제공

○ **(원격교육용)** 사내 온라인 교육 시스템 환경을 갖추고 있는 사업체에서 활용 가능한 LMS* 콘텐츠를 제공

   * 진도, 출석, 성적을 관리하는 온라인 학사관리운영시스템

○ **(간이교육용)** 고용 의무가 없는 사업주(상시 50인 미만 근로자)*는 간이 교육교재(리플릿 형태)를 공단에서 배부받을 수 있으며, 교육포

틸(edu.kead.or.kr)에서도 파일 형태로 내려받아 활용 가능

  * 간이교육 교재를 활용하여 사업주 자체 교육 가능

직장 내 장애인인식개선 전문강사는?

외부 전문강사 조건

(1) **(관련 법 조항)** 법 제5조의2, 제5조의3, 시행령 제5조의2, 시행규칙 제4조의5

(2) **(강사자격)** 직장 내 장애인 인식개선 교육강사는 **한국장애인고용공단**(이하 "공단")**에서 실시하는 전문강사 양성교육을 수료하였고 자격이 유효한 강사**를 말함

(3) **(양성과정)** 매년 공단 홈페이지(www.kead.or.kr) 및 직장 내 장애인 인식개선 교육포털(edu.kead.or.kr)을 통해 전문강사 양성과정 선발 규모와 내용을 공개

[전문강사 양성과정 교육대상 선발 기준]
① 장애인 당사자(정원의 50% 내 우선선발)
② 장애 및 복지 등 관련 경력 및 석사학위 이상 학위 소지자
③ 장애인 고용지원 관련 자격증
 - 직업상담사, 사회복지사, 청소년상담사, 평생교육사, 전문상담교사, 임상심리사, 작업치료사, 특수교사, 직업능력개발훈련교사, 장애인재활상담사, 보조공학사, 의지보조기기사, 언어재활사, 수화통역사, 점역교정사, 노무사, 변호사 등 기타 장애인 고용 지원과 관련이 있는 국가(공인) 자격증
④ 추천서

[전문강사 양성과정 교육 주요내용]

① 장애의 이해(주요 장애유형별 특성 등)
② 장애인 노동권(직장 내 장애인의 인권, 차별금지 및 정당한 편의 제공 등)
③ 장애와 고용(장애인고용정책, 장애유형별 우수고용 사례 등)
④ 장애 관련 법률(장애인고용촉진 및 직업재활과 관련된 법률 등)
⑤ 교수법(강의 전략 등)

[전문강사 자격 취득(수료) 기준]

사전 이론교육 수강 100%, 교육과정 출석 100%,

필기평가 및 실기평가 70점 이상 득점

(4) **(자격유지)** 강사 자격 유효기간은 자격 취득일로부터 3년

- 보수교육 이수 시 자격 갱신(유효기간 만료예정일로부터 3년)

 * 강사자격은 매 3년마다 갱신하지 않으면 자동 소멸

(5) **(보수교육)** 매년 공단 홈페이지 및 교육포털을 통해 보수 교육 과정 선발 규모와 내용 공개

 * 교육신청(접수)은 직장 내 장애인 인식개선 교육포털(edu.kead.or.kr)을 활용

- **(교육대상)** ① **강사 자격 취득 후 2년이 경과**하고, ② 보수교육 과정 신청일까지 **2회* 이상의 강의 경력**** 이 있는 자

 * 강사 경력 횟수는 매 강사 자격 연장 시점부터 다시 기산

- **(자격갱신)** 자격 취득 2년이 지난 시점부터 1년 이내 보수교육 과정 이수 시 강사 자격 3년 연장, 그렇지 않은 경우 강사 자격 소멸

    * 강사 자격 소멸 이후 재취득은 신규 취득 절차와 동일

- **(보수교육 유예)** **강사자격 갱신을 희망하는 강사**는 자격 유효 기간 내 보수교육 이수 원칙, 아래와 같은 **부득이한 사유일 경우** 1회에 한하여 최대 1년 범위 내에서 **유예** 가능

> **[보수교육 유예 사유]**
> ① 해외출장, 장기파견 및 교육 등 업무상의 사유
> ② 임신, 출산, 해외유학, 장기간 치료를 요하는 질병 등 개인적인 사유
> ③ 기타 공단 이사장이 인정하는 사유

- **(보수교육 수료 기준)** 교육과정(대면, 비대면 교육 혼합) 출석 100%

직장 내 장애인인식개선 전문강사는?

사내강사 조건

(1) **(관련 법 조항)** 법 제5조의2, 시행령 제5조의2, 시행규칙 제4조의5, 규정 제8조제2항

(2) **(강사자격)** 상시근로자 300인 이상의 사업체에서 사업주 또는 소속 직원이 직접 교육을 실시하기 위해서는 사전에 **공단에서 실시하는 사내강사 양성교육을 수료하여야 함**

(3) **(양성과정)** 매년 공단 홈페이지 및 교육포털을 통해 사내강사 양성과정 선발 규모와 내용을 공개

[사내강사 양성과정 교육대상 선발 기준]
상시근로자 300인 이상 사업체 소속 지원자 중 교육 정원 내 선착순 선발
* 단, 교육 기수별 사업체당 2명 이내 선발

[사내강사 양성과정 교육 주요내용]
① 직장 내 장애인인식개선교육 사내강사의 교육전략
② 장애의 이해 및 감수성
③ 장애인 차별금지 및 정당한 편의
④ 장애인 고용정책 및 지원 사례
⑤ 실전 강의 사례 및 강의기획·교안설계

- **(자격 취득 기준)** 사전 이론교육 수강 100%, 교육과정 출석 100%, 과제평가(에세이) "우수"또는 "보통"이 2개 이상인 경우*

  * 다음 총 3개 항목에 대하여 "우수", "보통", "미흡"의 3가지 등급으로 평가

> ① 피평가자의 에세이 내용이 사업체의 직장 내 장애인인식개선교육에 적합하다.
> ② 피평가자는 소속 사업체에 활용할 수 있는 장애인 근로자의 인권 및 고용지원 내용을 잘 파악하고 있다.
> ③ 피평가자의 에세이 내용이 장애인에 대한 편견을 해소하고 고용 확대 또는 유지하는 데 기여할 수 있다.

(4) **(자격유지)** 강사 자격 유효기간은 자격 취득일로부터 3년
- 보수교육 이수 시 자격 갱신(유효기간 만료예정일로부터 3년)

  * 사내강사 자격이 만료되기 전에 보수교육을 통해 강사 자격갱신이 가능하며, 사내강사 자격 소멸 이후 재취득 과정은 사내강사 양성과정과 동일
  ** 자격을 취득한 사내강사가 자격 유효기간 중 다른 사업체로 이직한 경우 동일하게 인정. 단, 현 소속 사업체 이외 다른 사업체의 교육 진행은 불가

(5) **(보수교육)** 매년 공단 홈페이지 및 교육포털을 통해 보수 교육 과정 선발 규모와 내용 공개

* 교육신청(접수)은 직장 내 장애인 인식개선 교육포털(edu.kead.or.kr)을 활용
- **(교육대상)** ① 강사 자격 취득 후 **2년이 경과**하고, ② 보수교육 과정 신청일까지 **1회* 이상의 강의 경력****이 있는 자

* 강사 경력 횟수는 매 강사 자격 연장 시점부터 다시 기산

- **(자격갱신)** 자격 취득 2년이 지난 시점부터 1년 이내 보수교육 과정 **이수 시** 강사 자격 3년 연장, 그렇지 않은 경우 강사 자격 소멸

* 강사 자격 소멸 이후 재취득은 신규 취득 절차와 동일

(6) **(역할)** 소속 사업체 직원 대상으로 교육 계획 수립·관리 및 직접 교육 실시

- 사업장 분리 등의 사유로 직접 교육이 어려운 경우 사내강사가 출연하고 관련 내용을 검토한 강의 영상 등의 교육 콘텐츠를 활용하여 교육을 실시할 수 있으나, 교육대상자에 대한 별도의 출석, 이수 관리가 이루어져야 함

* 외부 전문강사 위촉, 교육기관 위탁 및 공단 무료 강사지원 사업을 활용하는 경우는 사내강사 선임여부와 관계없이 가능

직장 내 장애인인식개선교육
이행지도 및 점검, 과태료?

(1) **관련 법 조항**: 법 제5조의2, 제86조
(2) **교육 의무 이행지도·점검 개요**
○ **(점검주체)** 한국장애인고용공단
○ **(점검대상)** 사업주(법인 및 개인사업자)

* 교육 결과 보고서 제출 여부, 제출 내용, 과거 점검 이력, 교육 미실시 신고 사업체 등을 감안하여 점검 대상 선정

[점검의 단위]

- 이행지도·점검은 '사업체'를 대상으로 하므로 본사, 본청뿐 아니라, 사업체 소속 모든 사업장이 점검의 대상
- 소속 사업장별로 교육을 실시하고 자료를 보관한 경우라도 이행 지도·점검 시 모든 사업장에 대한 교육 실시 자료 요청이 있을 수 있으므로 사전에 교육 실시 현황 관리 체계를 마련하는 것이 바람직

○ **(점검방법)** 사업체 방문, 관련 자료 제출 요청 등
○ **(점검 대상 기간)** 지도·점검 실시 시점 기준 직전 3개년도

○ **(점검 주요 내용)** 법에서 정하고 있는 필수사항 중심

> ① 교육 실시 횟수: 연 1회 이상
>
> ② 교육 시간: 1시간 이상
>
> ③ 교육 주체: 지정 교육기관, 전문강사, 사내강사* 등 적합한 자격 보유 등
>
> * '21. 1. 1.부터 상시 300인 이상 사업체에서 사업주 또는 직원이 직접 교육을 실시하려면 공단의 사내강사 양성과정을 수료한 자여야 함
>
> ④ 교육 인원: 모든 교육대상 근로자가 교육을 이수하여야 함이 원칙
>
> ※ 상시근로자는 상용직, 계약직, 임시직, 일용직, 아르바이트 등 명칭과 관계없이 임금지급기초일수가 매월 16일 이상인 근로자를 말함. 다만 근로자 중 월 소정 근로시간이 60시간 미만인 경우 상시근로자(중증장애인 제외)로 보지 않음(월평균 상시근로자 수=매월 상시근로자 수/12월)
>
> ⑤ 대표자(사업주) 교육 참석 여부
>
> ⑥ 교육 자료 보관: 3년간 보관 의무
>
> ⑦ 교육 내용 적정 여부
>
> - 장애에 대한 이해와 장애가 가지는 차이에 대한 존중
>
> - 직장 내 장애인의 인권, 장애인에 대한 차별금지 및 정당한 편의 제공
>
> - 「장애인고용촉진 및 직업재활법」과 관련된 법과 제도
>
> - 그 밖에 직장 내 장애인 인식개선에 필요한 사항
>
> ⑧ 그 밖에 지도·점검에 필요한 사항

(3) **점검에 따른 후속조치(과태료 부과 등)**

○ **(과태료 부과 요청 및 시정명령)** 사업체가 교육을 미이행(교육 미

실시 또는 부적합하게 교육을 실시한 경우)하였거나, 점검에 응하지 아니하면 한국장애인고용공단은 지방고용노동관서에 해당 사업체에 대해 과태료 부과 요청할 수 있음

- **(시정명령*)** 다만 교육 미이행의 정도가 경미한 경우 공단에서는 전문강사에 의한 대면교육 등 점검 실시 연도 교육에 대한 보완교육을 일정 기간 내에 실시할 것을 조건으로 하여 과태료 부과 요청 유예 가능

[시정명령 없이 과태료 부과 요청되는 경우]
- 점검 대상 기간(점검 연도 직전 3년) 중 2회 이상 교육을 전혀 실시하지 않았거나 이에 준하는(교육 이수 인원이 해당 연도 월평균 상시근로자 수의 10% 미만) 경우
- 교육 증빙 자료를 보관하지 않은 경우
- 이행 지도·점검에 응하지 않은 경우
- 점검 연도 직전 3년 이내 시정명령 또는 과태료 부과 이력이 있는 사업체가 동일한 사유로 교육을 부적합하게 실시하거나 미이행한 경우

[시정명령의 내용]
- 일정 기한(최대 25일) 내에 적합한 기준에 의한 당해 연도 보완교육 실시
- 사업체 교육 관리자 등에 대한 전문강사 대면·집합교육 등 실시
※ 기한 내 시정명령을 이행하지 않는 경우 과태료 부과

○ **(상시 근로자 50인 미만 사업체에 대한 특례)** 상시근로자수가 50인 미만인 사업체에 대해서는 최초 점검(과거 점검 및 시정, 과태료 부과 이력이 없는 경우)에 한하여 즉시 시정(간이교육용 교재 제공 및 게시) 및 주의·안내 조치할 수 있음

○ **(과태료 부과)** 지방고용노동관서는 공단의 과태료 부과 요청에 따라 해당 사업체에 대해 과태료 부과 가능

- **(과태료 가중 부과)** 과태료 부과기준에 따라 **위반행위 횟수별 가중*** 부과하되 **과태료 상한금액**(300만 원) **이하**** 로 부과

과태료 부과기준-「장애인고용촉진 및 직업재활법」시행령 별표 2

위반행위	근거 법조문	과태료 금액(만 원)		
		1차	2차	3차
가. 법 제5조의2제1항을 위반하여 장애인 인식개선 교육을 실시하지 않은 경우	법 제86조제2항 제1호	100	200	300
나. 법 제5조의3제2항을 위반하여 장애인인식개선교육 실시 관련 자료를 3년간 보관하지 않은 경우	법 제86조제2항 제2호	100	200	300

* 위반행위의 횟수에 따른 과태료의 가중된 부과기준은 최근 2년간 같은 위반 행위로 과태료 부과처분을 받은 경우에 적용. 이 경우 기간의 계산은 위반 행위에 대하여 과태료 부과처분을 받은 날과 그 처분 후 다시 같은 위반 행위를 하여 적발된 날을 기준으로 함
** 위반행위 동기와 결과 등을 고려하여 과태료 부과금액 1/2 범위 안에서 가중 또는 감경 가능

교육일지(예시)

(앞쪽)

직장 내 장애인인식개선교육 일지(예시)			결재			
사업장명	(상시근로자수)					
교육일시	20 년 월 일 (: ~ :)					
교육장소						
교육구분	· 자체교육: 사내강사( ), 전문강사( ) · 위탁교육: ( )					
교육방법	집합( ), 원격( ), 체험( )			교재		별첨
위창교육 전문강사	강사명			교육기관명		
사내강사	강사명			사내강사교육 이수여부		
참석인원	구분			비고(미실시 사유)		
	대상인원			특휴: 명		연가: 명
	실시인원			교육: 명		출장: 명
	미실시인원			기타: 명		
교육내용	(예시) 1. 장애에 대한 이해와 장애가 가지는 차이에 대한 존중 - - 2. 직장 내 장애인의 인권, 장애인에 대한 차별금지 및 정당한 편의 제공 - - 3. 장애인고용촉진 및 직업재활과 관련된 법과 제도 - - 4. 기타 직장 내 장애인 인식개선에 필요한 사항 - - 5. 질의응답 - ※ 간이 교육을 실시한 경우 교육 내용 생략이 가능하며, 이 경우에는 고용노동부장관 및 공단 등이 보급한 교육자료 등을 배포·게시했다는 사진 자료 등 관련 증빙자료를 보관하여야 함 붙임) 참석자 명단 및 교육 진행 사진 등 관련 증빙자료					

(뒤쪽)

교육참석자 명단							
연번	부서	성명	성명	연번	부서	성명	성명
1				:			
2				:			
3				:			
:				:			
:				:			
:				:			
:				:			
:				:			
:				:			
:				:			
:				:			
:				:			
:				:			
:				:			
:				:			
:				:			
:				:			
교육 진행 사진							

출처: 고용노동부, 〈『직장 내 장애인 인식개선 교육』 업무 안내〉(2024)

궁금하니?

직장 내 괴롭힘방지법

직장 내 괴롭힘방지법이 시행된 이유는?

직장 내 괴롭힘이 심각한 문제인가요?

최근 방송사에서도 직장 내 괴롭힘으로 인해 피해자가 자살을 했던 사건이 있었습니다.
그뿐 아니라 간호계 '태움' 문화, 사업주의 폭행, 대기업 오너 일가의 폭언 등 언론을 통해 사회적 이슈로 부각된 사안들이 많았습니다. 직장인의 70% 내외가 괴롭힘 피해를 경험했다고 답변할 정도로 우리 사회에 직장 내 괴롭힘이 광범위하게 발생하고 있는 상황입니다.

73.3%(국가인권위원회, 17년)
66.3%(한국노동연구원, 17년)
직장 내 괴롭힘은 피해자의 인격권에 대한 침해이며, 기업의 생산성 향상을 위해서라도 더 이상 방치할 수 없는 심각한 사회문제입니다.

직장 내 괴롭힘은 개인의 인격권을 침해하고 심각한 신체적·정신적 고통을 야기합니다.
이는 근로자의 근로의욕 감소 및 조직 분위기 저해로까지 이어져 기업 경쟁력에도 큰 손실을 초래합니다.
이에 고용노동부는 직장 내 괴롭힘이 없는 업무 환경에서 안전하게 근무하고, 피해를 당한 경우에는 신속한 조치를 통해 조속히 원상회복할 수 있도록 2019년에 「근로기준법」을 개정하여 직장 내 괴롭힘 금지제도를 마련하였습니다.

> **2029년 7월 16일 시행**

직장 내 괴롭힘 금지원칙과 사용자의 조사·조치 의무를 규정하고 사용자가 신고자 및 피해근로자 등에게 불리한 처우를 하면 처벌받도록 하였습니다.
2021년에는 제도의 실효성을 높이기 위해 사용자에게 객관적인 조사의무를 부과하고 이를 위반할 경우 과태료를 부과하도록 근로기준법을 보완하였습니다.
제도 도입 후 직장 내 괴롭힘에 대한 사회적 인식과 경각심은 계속 높아지고 있지만, 직장 내 괴롭힘 사건·사고는 우리 주변에서 여전히 발생하고 있습니다.
직장 내 괴롭힘을 근절하기 위해서는 법·제도 도입만으로는 부족하며 상호 존중의 직장문화가 우리 사회 전반에 정착될 필요가 있습니다. 이를 위해서는 구성원 모두의 지속적인 노력과 인식 개선이 필요합니다.

직장 내 괴롭힘방지법은 무엇인가요?

> 사용자 또는 근로자는 직장에서의 지위 또는 관계들의 우위를 이용하여 업무상 적정범위를 넘어 다른 근로자에게 신체적·정신적 고통을 주거나 근무 환경을 악화시키는 행위(이하 "직장 내 괴롭힘"이라 한다)를 하여서는 아니 된다.
>
> 「근로기준법」 제76조의2

위반 시 500만 원 이하의 과태료 부과

「남녀고용평등과 일·가정 양립 지원에 관한 법률」 제39조제2항제1호의2

괴롭힘 행위자(사용자 또는 근로자)

사용자: 사업주(법인 또는 개인사업주), 사업경영담당자(대표이사, 등기이사, 지배인 등), 근로자에 관한 사항에 대하여 사업주를 위하여 행위하는 자(인사노무담당이사, 공장장 등)

근로자: (원칙) 피해자와 동일한 회사 소속 근로자

개정된 법령에 따르면, 사용자의 친인척 중 대통령령으로 정하는 사람도 가해자에 포함됩니다. 여기에는 **사용자의 배우자, 4촌 이내의**

혈족, 4촌 이내의 인척이 해당합니다.

(예외) 파견근로자와 사용사업주 소속 근로자가 괴롭힘 행위자·피해자인 경우, 사용사업주가 파견근로자에 대해 사업주 책임이 있으므로, 이 경우 다른 회사 소속도 직장 내 괴롭힘으로 성립됩니다. 직장 내 괴롭힘예방교육은 단순히 법적 준수를 위한 절차가 아니라, 실질적인 괴롭힘 예방과 조직문화 개선을 위한 중요한 과정이기 때문에 회사의 특성에 맞는 방식으로 진행하는 것이 좋습니다.

괴롭힘 피해자
피해자의 고용형태, 계약기간 등과 관계없이 적용

행위요건
: 직장에서의 지위 또는 관계 등의 우위를 이용
(지위의 우위) 지휘명령 관계상 상위 또는 직위·직급상 상위
(관계의 우위) 인원수 우위, 연령·학벌, 근속연수, 직장 내 영향력 등 상대방이 저항 또는 거절하기 어려운 개연성이 높은 상태
(우위성 이용) 직장 내 지위나 관계 등의 우위를 이용한 행위가 아니라면 직장 내 괴롭힘에 해당하지 않음

: 업무상 적정범위를 넘어 ① 업무상 필요성이 없거나 ② 행위가 폭행·폭언 등 사회 통념에 비추어 볼 때 상당하지 않은 경우

: 신체적·정신적 고통을 주거나 근무 환경을 악화시키는 행위

(근무 환경 악화) 그 행위로 인하여 피해자가 능력을 발휘하는 데 무시할 수 없을 정도의 지장이 발생

어떻게 신고하고 어떻게 보호받나요?

근로기준법 제76조의3

▲ 제1항: 누구든지 사용자에 신고

▲ 제2항: 사용자 객관적 조사 실시 의무

▲ 제3항: 조사기간 중 사용자의 피해근로자 등 보호를 위한 적절한 조치 의무

▲ 제4항: 괴롭힘 확인 시 사용자의 피해자 보호를 위한 적절한 조치 의무

▲ 제5항: 괴롭힘 확인 시 사용자의 가해자에 대한 징계 등 필요한 조치 의무

▲ 제6항: 사용자의 피해근로자 등에 대한 불리한 처우 금지

▲ 제7항: 비밀 누설 금지

신고자(피해자가 아닌 자도 누구든지 신고 가능)

(피신고자: 사용자) 누구든지 사용자에게 신고할 수 있음

사용자의 의무

(객관적 조사) 지체 없이 사실 확인을 위한 객관적 조사 실시

위반 시 500만 원 이하의 과태료

(피해근로자 등 보호) 피해자(피해를 입었다고 주장하는 자 포함)를 보호하기 위해 필요하면, 근무장소 변경, 유급휴가 명령 등 조치(피해근로자 등의 의사에 반하는 조치는 하면 안 됨)

(피해자 보호) 괴롭힘이 확인된 경우에는 피해근로자가 요청하면 근무장소 변경, 배치전환, 유급휴가 명령 등 적절한 조치
위반 시 500만 원 이하의 과태료

(가해자 징계 등) 괴롭힘이 확인된 경우에는 지체 없이 행위자에 대해 징계, 근무장소 변경 등 필요한 조치(조치 전 피해근로자 의견 청취)
위반 시 500만 원 이하의 과태료

(불리한 처우 금지) 신고한 근로자 및 피해근로자 등에게 해고나 그 밖의 불리한 처우를 하면 안 됨
위반 시 3년 이하 징역 또는 3천만 원 이하 벌금

비밀누설 금지

조사자, 조사 내용 보고 받은 자, 조사 과정 참여자는 조사 과정에서 알게 된 비밀을 피해자의 의사에 반해 누설 금지
위반 시 500만 원 이하의 과태료. 다만, 사용자에 보고, 관계 기관 요청에 따른 정보제공은 제외

사용자의 의무과 책임은?

사용자의 괴롭힘
사용자*가 직장 내 괴롭힘을 한 경우, 1천만 원 이하 과태료 부과

* 사용자의 배우자, 4촌 이내 혈족·인척이 해당 사업·사업장의 근로자인 경우 포함

예방활동
최고경영자의 적극적 의지 표명·선언, 예방교육 실시, 위험요인 점검, 예방·대응조직 지속 운영, 캠페인·홍보 등

취업규칙
사용자(상시근로자 10명 이상)는 취업규칙에 '직장 내 괴롭힘의 예방 및 발생 시 조치 등에 관한 사항'을 작성·신고
위반 시 500만 원 이하의 과태료

(1) 취업규칙을 작성할 때에는 해당 사업 또는 사업장에 근로자 과반수로 조직된 노동조합이 있는 경우에는 그 노동조합, 근로자의 과반수로 조직된 노동조합이 없는 경우에는 근로자 과반수의 의견을 들어야 함

(2) 작성된 취업규칙의 내용을 변경하는 경우에도 근로자 과반수의 의견을 듣거나 불이익한 변경에 대해서는 과반수 노조 또는 근로자 과반수의 동의를 얻어 변경한 후 고용노동부장관에게 신고해야 함

(3) 취업규칙이 없는 사업장은 이를 포함하여 취업규칙을 제정하고, 취업규칙이 있는 사업장의 경우 직장 내 괴롭힘 예방 및 발생 시 조치에 관한 사항을 반영하여 신고

(4) 직장 내 괴롭힘 행위자에 대한 사내 징계규정을 신설 또는 강화하는 내용은 근로조건의 불이익한 변경으로 근로자 과반수의 동의가 필요함

(5) 그 외의 직장 내 괴롭힘 예방과 발생 시 조치절차 관련 내용은 근로자 과반수의 의견을 들어 정하면 됨

* 직장 내 괴롭힘 관련 취업규칙 작성 시 고려사항
  직장 내 괴롭힘에 관한 규범 마련 시에는 기본적으로 직장 내 괴롭힘이 사업장에서 금지되는 비위행위임을 명확히 밝히는 것이 필요함
  이를 위해서는 ① 직장 내 괴롭힘이 금지된다는 것, ② 직장 내 괴롭힘 가해자에게는 강력한 제재를 한다는 것, ③ 피해자에 대해서는 보호조치가 이루어진다는 것을 직원들이 확인할 수 있도록 명시할 필요가 있음

직장 내 괴롭힘 관련 취업규칙 표준안

*취업규칙은 사내 규범이므로 사업장의 특수성 등을 고려하여 규정

1. 기존 취업규칙에 직장 내 괴롭힘 예방·대응규정을 추가하는 경우

제○장 직장 내 괴롭힘의 예방

제○조 (직장 내 괴롭힘 행위의 금지) ① 직장 내 괴롭힘이란 임·직원이 직장에서의 지위 또는 관계 등의 우위를 이용하여 업무상 적정범위를 넘어 다른 직원에게 신체적·정신적 고통을 주거나 근무환경을 악화시키는 행위를 말한다.
② 직원은 다른 직원분 아니라 협력사 직원에 대하여도 직장 내 괴롭힘 행위를 하여서는 아니 된다.

【참고】 직장 내 괴롭힘 금지 주체는 이 취업규칙의 적용을 받는 직원이지만, 그 대상은 협력사 직원으로 통칭되는 파견근로자 또는 하청근로자도 포함시키는 것으로 규정하여 직장 내 괴롭힘 금지 관련 취업규칙 내용이 사업장 전반에 적용될 수 있도록 함이 바람직

제○조 (금지되는 직장 내 괴롭힘 행위) 회사에서 금지되는 구체적인 직장 내 괴롭힘 행위는 다음 각 호와 같다.
1. 신체에 대하여 폭행하거나 협박하는 행위(얼차려, 물건 던지기, 멱살을 잡는 등 물리적 유형력을 신체에 행사하는 행위 포함)
2. 지속·반복적인 욕설이나 폭언
3. 다른 직원들 앞에서 또는 온라인상에서 모욕감을 주거나 개인사에 대한 소문을 퍼뜨리는 등 명예를 훼손하는 행위
4. 합리적 이유 없이 반복적으로 개인 심부름 등 사적인 용무를 지시하는 행위
5. 합리적 이유 없이 업무능력이나 성과를 인정하지 않거나 조롱하는 행위
6. 반대 의사에도 불구하고, 업무상 필요성이 없는 행위 강요(복장, 음주, 장기자랑, 취미활동 등 강요)
7. 집단적으로 따돌리거나, 정당한 이유 없이 업무와 관련된 중요한 정보 또는 의사결정 과정에서 배제하거나 무시하는 행위
8. 정당한 이유 없이 상당기간 동안 근로계약서 등에 명시되어 있는 업무와 무관한 일을 지시하거나 근로계약서 등에 명시되어 있는 업무와 무관한 허드렛일만 시키는 행위
9. 정당한 이유 없이 상당기간 동안 일을 거의 주지 않는 행위
10. 그 밖에 업무의 적정범위를 넘어 직원에게 신체적·정신적 고통을 주거나 근무환경을 악화시키는 행위

【참고】 표준안에서는 직장 내 괴롭힘으로 볼 수 있는 대표적인 행위 중심으로 최소한의 예시를 규정
→ 매뉴얼 본문에 있는 행위 예시, 체크리스트, 사례 등을 참고하여 각 사업장별로 금지가
필요한 행위를 추가할 수 있음.
회사 차원에서 노동관계법령을 위반한 것으로 볼 여지가 있는 행위는 표준안에서는 일단
제외하였으나, 법령 위반을 별론으로 하더라도 경우에 따라서 제10호를 적용하여 직장 내
괴롭힘으로 인정할 수도 있을 것임

제○조 (직장 내 괴롭힘 예방교육) ① 회사는 직장 내 괴롭힘 예방을 위한 교육(이하 "직장 내 괴롭힘 예방교육"이라 한다)을 1년에 1회 이상 실시한다.
② 직장 내 괴롭힘 예방교육은 1시간으로 한다.
③ 직장 내 괴롭힘 예방교육의 내용은 다음 각 호와 같다.
1. 직장 내 괴롭힘 행위의 정의
2. 금지되는 직장 내 괴롭힘 행위
3. 직장 내 괴롭힘 상담절차
4. 직장 내 괴롭힘 사건처리절차
5. 직장 내 괴롭힘 피해자 보호를 위한 조치
6. 직장 내 괴롭힘 행위자에 대한 조치
7. 그밖에 직장 내 괴롭힘 예방을 위한 내용
④ 회사는 직장 내 괴롭힘 예방교육의 주요 내용을 직원들이 쉽게 확인할 수 있도록 조치한다.

제○조 (직장 내 괴롭힘 행위 발생 시 조치) ① 누구든지 직장 내 괴롭힘 발생 사실을 알게 된 경우 그 사실을 회사에 신고할 수 있다.
② 회사는 전항에 따른 신고를 접수하거나 직장 내 괴롭힘 발생 사실을 인지한 경우에는 지체 없이 그 사실 확인을 위한 조사를 객관적으로 실시한다.
③ 회사의 직장 내 괴롭힘 행위에 관한 조사 및 조치에 관한 구체적인 절차는 별도로 정한다.

제○장 표창 및 징계

제○조 (징계) 다음 각 호의 어느 하나에 해당하는 직원에 대하여 인사위원회를 거쳐 징계할 수 있다.
1. ~ 9. (생 략)
10. 직장 내 괴롭힘 행위를 한 자
11. 기타 이에 준하는 행위로 직장질서를 문란하게 한 자

【참고】 기존에 있는 징계사유에 직장 내 괴롭힘 행위를 한 경우를 추가하여 사내에서 직장 내 괴롭힘을 한 직원에 대한 징계 근거를 마련

2. 별도의 직장 내 괴롭힘 예방·대응규정을 제정하는 경우

- 취업규칙으로 간단하게 직장 내 괴롭힘 행위를 규율하는 것보다 별도의 규정을 두어 규율할 수 있음
- 직장 내 성희롱에 관한 예방규정을 마련하여 시행하고 있는 회사는 직장 내 성희롱을 포함한 직장 내 괴롭힘 예방규정을 통합, 제정하여 운영할 수 있음
- 아래 표준안의 절차규정 등은 본 매뉴얼의 내용을 토대로 한 것임

제1조 (목적) 회사는 직장 내에서 괴롭힘 행위를 예방하여 직원들이 안전하게 근로할 수 있도록 이 규정을 시행한다.

제2조 (적용범위) 이 규정은 임·직원과 협력사 직원 및 특수형태근로종사자로서 회사와 계약을 맺고 있는 자 (이하 "직원"이라 한다)에 대하여 적용한다.

제3조 (회사의 책무) 회사는 직장 내 괴롭힘을 예방하고 직장 내 괴롭힘이 발생하였을 때 적절히 대응할 수 있도록 정책을 수립·시행하여야 한다.

제4조 (직장 내 괴롭힘 행위의 금지) ① 직장 내 괴롭힘 행위란 임·직원이 직장에서의 지위 또는 관계 등의 우위를 이용하여 업무상 적정범위를 넘어 다른 직원에게 신체적·정신적 고통을 주거나 근무환경을 악화시키는 행위를 말한다.
② 누구든지 직장 내 괴롭힘 행위를 하여서는 아니 된다.

제5조 (금지되는 직장 내 괴롭힘 행위) 회사에서 금지되는 직장 내 괴롭힘 행위는 다음 각 호와 같다.
1. 신체에 대하여 폭행하거나 협박하는 행위
2. 지속·반복적인 욕설이나 폭언
3. 다른 직원들 앞에서 또는 온라인상에서 모욕감을 주거나 개인사에 대한 소문을 퍼뜨리는 등 명예를 훼손하는 행위
4. 합리적 이유 없이 반복적으로 개인 심부름 등 사적인 용무를 지시하는 행위
5. 합리적 이유 없이 업무능력이나 성과를 인정하지 않거나 조롱하는 행위
7. 집단적으로 따돌리거나, 정당한 이유 없이 업무와 관련된 중요한 정보 또는 의사결정 과정에서 배제하거나 무시하는 행위
8. 정당한 이유 없이 상당기간 동안 근로계약서 등에 명시되어 있는 업무와 무관한 일을 지시하거나 근로계약서 등에 명시되어 있는 업무와 무관한 허드렛일만 시키는 행위
9. 정당한 이유 없이 상당기간 동안 일을 거의 주지 않는 행위
10. 그 밖에 업무의 적정범위를 넘어 직원에게 신체적·정신적 고통을 주거나 근무환경을 악화시키는 행위

【참고】 표준안에서는 직장 내 괴롭힘으로 볼 수 있는 대표적인 행위 중심으로 최소한의 예시를 규정
→ 매뉴얼 본문에 있는 행위 예시, 체크리스트, 사례 등을 참고하여 각 사업장별로 금지가 필요한 행위를 추가할 수 있음.
회사 차원에서 노동관계법령을 위반한 것으로 볼 여지가 있는 행위는 표준안에서는 일단 제외하였으나, 법령 위반을 별론으로 하더라도 경우에 따라서 제10호를 적용하여 직장 내 괴롭힘으로 인정할 수도 있을 것임

제6조(직장 내 괴롭힘 예방·대응 조직) 회사 내 인사부서에 직장 내 괴롭힘의 예방·대응 업무를 총괄하여 담당하는 직원(이하 "예방·대응 업무담당자"라 한다)을 1명 이상 둔다.

제7조(직장 내 괴롭힘 상담원) ① 회사는 제11조에 따른 상담업무를 담당하는 직원(이하 "상담원"이라 한다)을 둔다. 이 경우 직장 내 성희롱 사건에 관한 업무를 담당하는 고충상담원이 있는 경우 그를 상담원으로 할 수 있다.
② 상담원은 성을 고려하여 남성과 여성을 고루 배치하며, 직원들 사이에 신망이 높은 직원 중에서 선임한다.
③ 상담원은 직장 내 괴롭힘 사건에 관한 상담을 하면서 알게 된 내용을 누설하여서는 아니 된다. 다만, 사건의 처리를 위하여 결재권자 및 사업주에게 보고하는 경우는 그러하지 아니하다.
④ 상담원의 임기는 2년으로 하며, 연임할 수 있다.

제8조 (직장 내 괴롭힘 예방교육) ① 회사는 직장 내 괴롭힘 예방을 위한 교육(이하 "직장 내 괴롭힘 예방교육"이라 한다)을 1년에 1회 이상 실시한다.
② 직장 내 괴롭힘 예방교육은 1시간으로 한다.
③ 직장 내 괴롭힘 예방교육의 내용은 다음 각 호와 같다.
1. 직장 내 괴롭힘 행위의 정의
2. 금지되는 직장 내 괴롭힘 행위
3. 직장 내 괴롭힘 상담절차
4. 직장 내 괴롭힘 사건처리절차
5. 직장 내 괴롭힘 피해자 보호를 위한 조치
6. 직장 내 괴롭힘 행위자에 대한 조치
7. 그밖에 직장 내 괴롭힘 예방을 위한 내용
④ 회사는 직장 내 괴롭힘 예방교육의 주요 내용을 직원들이 쉽게 확인할 수 있도록 조치한다.

제9조(직장 내 괴롭힘 발생 시 처리절차) 회사는 직장 내 괴롭힘 사건을 처리하기 위하여 다음 각 호의 절차에 따른다.
1. 사건의 접수
2. 상담을 통한 피해자의 의사 확인
3. 피해자의 의사에 기초한 당사자 간 해결 또는 정식 조사의 실시
4. 정식 조사의 결과를 토대로 한 직장 내 괴롭힘의 확인
5. 행위자에 대한 징계 조치, 피해자 보호조치 등의 결정

제10조(사건의 접수) ① 누구든지 직장 내 괴롭힘 발생 사실을 알게 된 경우 그 사실을 예방·대응 담당자에게 신고할 수 있다.
② 예방·대응 담당자는 제1항에 따른 신고가 있는 경우 또는 그 밖의 방법으로 직장 내 괴롭힘 발생 사실을 인지한 경우 사건을 접수한다.

제11조(상담) ① 제10조에 따라 사건이 접수된 경우 상담원은 지체 없이 신고인을 대면하여 상담한다.
② 신고인이 피해자가 아닌 제3자인 경우 상담원은 신고인을 먼저 상담한 후 피해자를 상담한다.
③ 상담원은 피해자에게 직장 내 괴롭힘에 관한 구제방법 및 회사 내 처리절차에 대하여 충분히 설명하고, 피해자가 사건의 해결을 위하여 선택하는 처리방향에 대하여 청취한다.
④ 상담원은 상담이 종료하면 그 결과를 예방·대응 담당자에게 보고하여야 한다.
⑤ 상담원은 상담 시 신고인 등에게도 상담 내용에 대한 비밀유지 의무가 있음을 고지하여야 한다.

제12조(당사자 간 해결) ① 상담원은 피해자가 직장 내 괴롭힘 피해를 입었다고 판단하고, 피해자가 그 행위의 중단을 위하여 행위자와 분리되기만을 요구하는 경우, 그 내용을 예방·대응 담당자를 통하여 사업주에게 보고하여 상응하는 조치가 취해질 수 있도록 한다.
② 상담원은 피해자가 행위자의 괴롭힘 행위 중단 및 사과 등 직접적인 합의를 원하는 경우에는 피해 사실에 대하여 피해자와 피해자가 추천한 참고인 등에 관한 조사를 실시하고, 그 결과 직장 내 괴롭힘이 확인되면 피해자의 요구안을 정리하여 행위자에게 전달하여 합의를 진행한다.
③ 제2항에 따른 합의가 이루어진 경우에는 모든 관련 서류는 비공개처리하고 사건을 종결한다.
④ 제2항에 따른 합의가 이루어지지 않은 경우에는 상담원은 피해자를 다시 상담한 후 정식 조사 의사 등을 확인하여 그에 따라 조치한다.

제13조(정식 조사) ① 회사는 피해자가 직장 내 괴롭힘에 관하여 정식 조사를 요구하는 경우 지체 없이 제14조에 따라 조사위원회를 구성하고, 조사위원회가 구성되면 즉시 조사에 착수한다.
② 조사위원회는 조사가 개시된 날부터 20일 이내에 완료하여야 한다. 다만 특별한 사정이 있는 경우 10일의 범위에서 조사 기간을 연장할 수 있다.
③ 피해자 및 행위자에 대하여 조사하는 경우 2명 이내의 조사위원이 참여하여야 한다. 이 경우 외부 전문가가 위원으로 선임되어 있으면 그 위원이 참여하도록 노력하여야 한다.
④ 조사위원회는 조사가 종료되면 조사보고서를 작성하여 사업주에게 보고하고 인사위원회로 보고서를 이관한다.

⑤ 조사위원회는 제4항에 따른 조사보고서 작성 시 행위자에 대한 조치와 관련한 피해자의 의견을 듣고 그 내용을 기재하여야 한다.
⑥ 조사위원회와 조사를 받은 사람들은 비밀유지 서약을 하여야 하며, 조사 내용 및 조사과정에서 알게 된 사실을 다른 사람에게 누설하여서는 아니 된다.
⑦ 상담원은 직장 내 괴롭힘 조사 진행상황을 피해자에게 서면, 온라인, 전화 등의 방법을 통해 알려주어야 한다.

제14조(조사위원회) ① 직장 내 괴롭힘 사건의 공정하고 전문적인 조사를 위하여 조사위원회를 구성한다.
② 조사위원회는 노동조합에서 추천하는 사람 또는 노사협의회 근로자위원을 포함하여 5명 이내로 구성한다. 이 경우 조사의 전문성을 위하여 외부 전문가를 위원으로 선임할 수 있다.
③ 조사위원회 위원장은 위원 중에서 대표이사가 임명하는 사람으로 한다.
④ 제2항 및 제3항에도 불구하고 대표자가 행위자로 신고된 경우에는 회사의 감사가 조사위원회를 구성한다. 이 경우 감사는 회사의 비용으로 외부 전문가를 위원으로 선임할 수 있다.

> **【참고】** 대표이사가 행위자인 경우 조사의 공정성을 위하여 감사가 조사를 실시하는 주체로 규정하는 것이 바람직

제15조(조사기간 중 피해자 보호) 회사는 제13조에 따른 정식조사기간 동안 피해자가 요청하는 경우에는 근무장소의 변경, 유급휴가 명령 등 피해자의 요청을 고려하여 적절한 조치를 한다.

제16조(직장 내 괴롭힘 사실의 확인 및 조치) ① 제13조제4항에 따라 조사위원회의 조사보고서가 이관되면 취업규칙 제00조에 따른 인사위원회 위원장은 지체 없이 인사위원회를 소집한다.
② 인사위원회는 조사위원회의 조사보고서를 토대로 직장 내 괴롭힘 인정 여부, 직장 내 괴롭힘 인정 시 행위자에 대한 징계 양정에 관한 사항을 의결한다.
③ 대표이사가 행위자로 신고된 경우 감사는 지체 없이 이사회 소집을 청구하고 소집된 이사회에 출석하여 조사 결과에 따라 직장 내 괴롭힘 인정 여부, 직장 내 괴롭힘 인정 시 대표이사에 대한 징계 등 조치에 관한 내용을 보고한다.
④ 이사회는 감사의 보고를 받으면 대표이사에 대한 조치를 의결한다. 다만, 인사위원회에서 통지한 대표이사에 대한 조치가 주주총회의 의결사항인 경우 지체 없이 임시총회를 소집한다.

> **【참고】** 대표이사가 행위자인 경우 인사위원회에서 징계 등 조치를 결정하여 집행할 수는 없는 만큼, 상법을 참고하여 사업장 상황에 맞게 규정함
> * 위 제3항 및 제4항의 규정은 상법 제4장 주식회사 부분의 규정을 참고하여 규정한 예임

제17조(사건의 종결) ① 회사는 인사위원회의 의결 결과를 당사자에게 서면으로 통지하고 사건을 종결한다.
② 인사위원회에서 직장 내 괴롭힘으로 인정하지 않은 경우 상담원은 피해자를 다시 상담하여 피해자의 고충을 해소할 수 있는 방법을 찾도록 노력하여야 한다.

【참고】 매뉴얼에 언급된 '심의위원회'를 구성할 경우 아래와 같이 규정을 만들 수 있을 것임

제15조(심의위원회의 설치 및 구성)
① 직장 내 괴롭힘 사안의 처리를 심의하기 위하여 심의위원회를 구성한다.
② 위원회는 위원장을 포함한 6명의 위원으로 구성한다.
③ 위원장은 사업주가 지명하는 자로 한다.
④ 위원은 남성 또는 여성의 비율이 전체위원의 10분의 6을 초과하여서는 아니 되며, 위원 중 2명 이상을 외부 전문가들로 위촉한다.
⑤ 위원회의 개최 등 위원회의 사무를 처리하기 위하여 간사 1인을 두되, 간사는 상담원으로 한다.

제16조(심의위원회의 회의)
① 심의위원회의 회의는 필요에 따라 위원장이 소집한다.
② 위원회 위원 중 인정할 만한 상당한 이유가 있는 경우 피해자는 특정위원을 기피신청하거나, 해당위원이 회피할 수 있다.
③ 위원회는 다음 각 호에 관하여 심의한다.
1. 직장 내 괴롭힘 행위의 판단
2. 피해자에 대한 보호 조치
3. 행위자에 대한 징계 등 적절한 조치에 대한 권고
4. 그 밖에 직장 내 괴롭힘 행위의 재발 방지에 관한 사항
④ 위원회의 심의는 재적위원 과반수 찬성으로 의결한다.
⑤ 위원회는 심의결과를 사업주에게 보고 후, 당사자에게 서면으로 통보하여야 한다.

제18조(직장 내 괴롭힘 피해자의 보호) ① 회사는 제16조에 따라 직장 내 괴롭힘이 인정된 경우 피해자가 요청하면 근무장소의 변경, 배치전환, 유급휴가의 명령 등 적절한 조치를 한다.
② 회사는 피해자의 피해복구를 위해 심리상담 등 필요한 지원을 한다.
③ 회사는 사건이 종결된 때부터 2년 간 반기별로 해당 사건의 행위자에 의한 직장 내 괴롭힘 재발 여부, 피해자에 대한 불리한 처우 등이 발생하지 않는지 모니터링하고 피해자를 지원한다.

제19조(징계) ① 회사는 직장 내 괴롭힘 행위자에 대하여는 취업규칙 제00조에 따른 징계사유 등에 따르되, 무관용 원칙에 따라 징계 등이 이루어지도록 한다.
② 회사는 직장 내 괴롭힘 사건을 은폐하거나 피해자, 신고자 또는 사건 관련 진술자 등에게 신고를 이유로 또 다른 직장 내 괴롭힘 행위를 한 경우 관련자를 엄중 징계한다.

제20조(재발방지조치 등) ① 회사는 사건이 종결되면 직장 내 괴롭힘 행위의 재발 방지를 위하여 필요한 대책을 수립·시행한다.
② 회사는 직장 내 괴롭힘 행위의 재발 방지를 위하여 필요하다고 인정되는 경우 직장 내 괴롭힘 행위자에 대하여 상담 또는 교육 등을 실시하거나 받을 것을 명할 수 있다.

출처: 고용노동부, 〈직장 내 괴롭힘 예방·대응 매뉴얼〉(2023)

직장 내 괴롭힘예방교육은 의무인가요?

직장 내 괴롭힘예방교육은 현재 법적으로 명시된 의무 교육은 아닙니다. 하지만, 괴롭힘 방지를 위한 환경 조성과 예방을 위한 권장 사항으로 권고되고 있습니다. 법적으로 의무화된 성희롱예방교육과 달리, 직장 내 괴롭힘예방교육은 필수 사항으로 규정되지는 않았지만, 많은 기업들이 직장 내 괴롭힘방지법 취지에 따라 자발적으로 교육을 실시하고 있습니다.

예방교육 권장의 이유

법적으로 강제 사항은 아니지만, 다음과 같은 이유로 예방교육이 권장됩니다.

1) 직원들의 인식 제고

교육을 통해 직원들이 괴롭힘의 정의와 유형을 이해하게 되며, 괴롭힘 발생 시 대처 방법을 알게 됩니다.
이는 피해를 예방하고 건강한 조직문화를 구축하는 데 큰 도움이 됩니다.

2) 기업의 법적 리스크 관리

직장 내 괴롭힘이 발생할 경우 고용주는 조사 의무와 조치 의무를 지켜야 합니다. 예방 교육을 통해 괴롭힘 상황을 줄이면 불필요한 법적 분쟁을 예방할 수 있습니다.

3) 건강한 조직문화 형성
직장 내 괴롭힘예방교육을 통해 조직 내 상호 존중과 협력의 문화를 만들어 갈 수 있으며, 이를 통해 직원의 만족도와 근무 의욕도 높아집니다.

직장 내 괴롭힘예방교육은 누가, 어떤 방법으로 진행하나요?

직장 내 괴롭힘방지법은 **고용주**가 주체가 되어 진행하는 것이 원칙입니다. 법적 책임은 고용주에게 있기 때문에, **고용주(회사 대표) 또는 인사·총무부서**가 직장 내 괴롭힘 예방과 해결을 위한 절차와 교육을 준비하고 관리해야 합니다.

직장 내 괴롭힘예방교육은 다양한 방식으로 진행될 수 있으며, 회사의 규모와 여건에 맞춰 여러 방법이 활용됩니다.

1. 오프라인 집합교육

대상: 모든 임직원 또는 부서별/직급별로 진행합니다.
형식: 강의실이나 회의실에 모여 직접 강사가 교육을 진행하는 방식입니다.
내용: 직장 내 괴롭힘의 정의와 사례, 괴롭힘 발생 시 대응법과 신고절차, 회사 내 방침 등을 중심으로 진행됩니다.
장점: 직원 간 상호작용이 활발하고, 질의응답을 통해 궁금한 점을 해결할 수 있습니다. 대면교육으로 인해 교육 효과가 높습니다.

2. 온라인교육

대상: 원격 근무자, 본사와 지사가 따로 있는 경우 등

형식: 회사 내부 온라인 포털, 웹 회의 툴(Zoom, MS Teams 등) 또는 외부 교육 사이트를 활용해 진행합니다.

내용: 강의 녹화 영상, PPT 자료, 애니메이션 등을 활용해 직장 내 괴롭힘의 유형과 대처 방법을 설명합니다.

장점: 직원들이 시간과 장소에 구애받지 않고 교육을 받을 수 있으며, 교육 자료를 반복해서 시청할 수 있습니다.

3. 사례 중심의 워크숍

대상: 관리자급 및 일반 직원 모두

형식: 실질적인 사례를 바탕으로 한 역할극(Role-play)이나 그룹 토론을 통해 괴롭힘 예방 방법을 체험하는 워크숍입니다.

내용: 가상의 직장 내 괴롭힘 사례를 토대로 한 시나리오를 작성하고, 이를 바탕으로 문제 해결 방안을 토론하거나 역할극으로 재현해 봅니다.

장점: 실질적이고 구체적인 상황을 체험함으로써 괴롭힘의 심각성을 체감하고, 예방 방법을 쉽게 이해할 수 있습니다.

4. 영상 자료 및 애니메이션 활용

대상: 시청각 교육이 효과적인 젊은 층, 신입 사원 교육 시 적합합니다.

형식: 괴롭힘 사례를 다룬 짧은 영상이나 애니메이션 자료를 활용하여 흥미를 높이고 메시지를 전달합니다.

내용: 직장 내 괴롭힘의 유형과 대처 방안을 영상과 애니메이션을 통해 시각적으로 전달합니다.

장점: 흥미를 끌면서 핵심 메시지를 빠르게 전달할 수 있으며, 직원들의 몰입도가 높아질 수 있습니다.

5. 자료 배포 및 자율 학습

대상: 대규모 조직에서 모든 직원이 개별적으로 학습할 수 있도록 하기에 적합합니다.

형식: 괴롭힘 예방 관련 지침서, 책자, 리플릿, 슬라이드 자료 등을 배포하고, 직원들이 개별적으로 학습할 수 있도록 합니다.

내용: 직장 내 괴롭힘 예방 관련 정책과 지침, 신고 절차 등을 문서로 제공하여 스스로 학습하도록 유도합니다.

장점: 회사의 정책이나 지침을 그대로 전달할 수 있고, 직원들이 시간 제약 없이 학습할 수 있습니다.

교육 후 학습 평가 및 설문 조사

교육이 끝난 후 간단한 평가를 통해 직원들이 얼마나 이해했는지 확인하거나, 설문 조사를 통해 교육의 효과와 개선점을 파악해 다음 교육에 반영할 수 있습니다.

직장 내 괴롭힘 처리절차

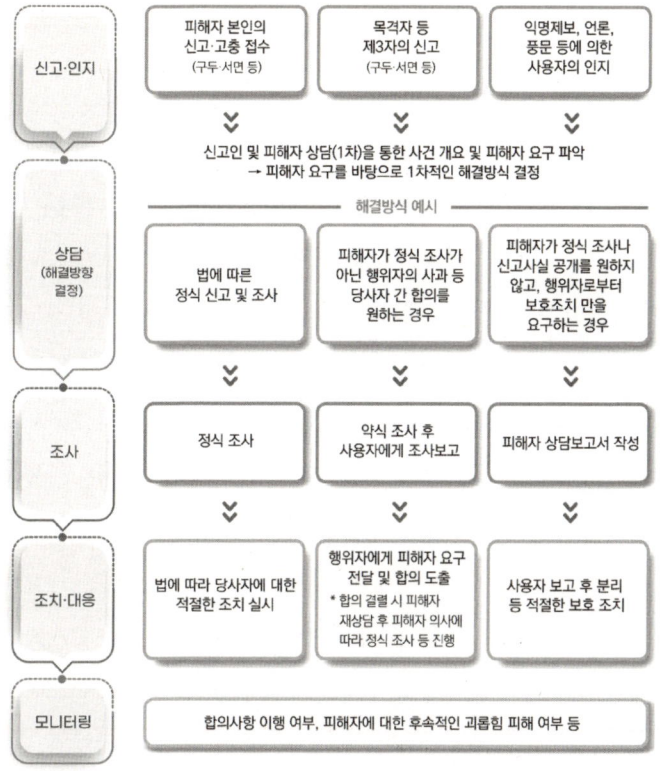

출처: 고용노동부, 〈직장 내 괴롭힘 예방·대응 매뉴얼〉(2023)

위 절차를 수행할 담당기구를 어떻게 구성할 것인지는 사업장의 규모·특성에 맞게 자율적으로 결정할 수 있음
- 정식 조사 절차의 경우 공정성과 전문성 등을 고려할 때 조사위원회 구성이나 외부기관 위탁을 고려해 볼 수 있음

궁금하니?

퇴직연금교육

퇴직연금교육의 중요성

1) 근로자의 재정 안정 지원
퇴직연금은 노후 소득의 중요한 수단으로, 근로자가 제도를 정확히 이해하는 것이 중요합니다.

2) 제도의 원활한 운영
근로자의 이해 부족으로 발생할 수 있는 불만과 분쟁을 예방

3) 기업 이미지 향상
교육을 통해 근로자의 신뢰를 확보하고, 조직 내 만족도를 높임

퇴직연금교육은 퇴직연금 제도를 도입한 모든 사업주가 이행해야 하는 법적의무입니다. 이를 통해 근로자는 자신의 퇴직금 운용 방법을 이해하고, 효율적으로 준비할 수 있습니다. 교육을 소홀히 할 경우 법적 제재가 있으므로, 사업주는 매년 1회 이상 적절한 방식으로 교육을 진행해야 합니다.

퇴직연금교육은 법적으로 사업주가 반드시 이행해야 하는 **의무사항**입니다. 이는 퇴직연금 제도에 대한 근로자의 이해를 높이고, 적절한

운용 및 가입 결정을 지원하기 위해 도입된 제도로, 관련 법령에 따라 규정되고 있습니다.

1. 법적 근거

「근로자퇴직급여 보장법」(퇴직급여법)
제32조(교육의무): 퇴직연금제도를 도입한 사용자는 근로자에 대해 퇴직연금제도의 내용 및 운용방법 등에 관한 교육을 매년 1회 이상 실시해야 합니다.

고용노동부 시행령 및 가이드라인
교육의 내용, 방법, 대상, 보고 절차 등이 명시되어 있습니다.

2. 교육대상

사업주가 퇴직연금제도를 도입한 경우: 해당 사업장의 모든 근로자가 교육대상입니다. 특히, 퇴직연금에 새로 가입한 근로자는 가입 직후 교육을 받아야 합니다.
퇴직연금제도를 도입하지 않은 사업장: 의무 대상이 아님.

3. 교육 내용

퇴직연금교육은 다음 내용을 포함해야 합니다.

1) 퇴직연금제도의 개요
- 확정기여형(DC형)과 확정급여형(DB형)의 차이점

- 개인형 퇴직연금(IRP)의 활용법

2) 운용방법 및 투자 지침
- 자산 운용의 기본 원칙
- 적립금 운용 상품(예: 예금, 펀드, 보험 상품 등) 및 특성

3) 근로자의 권리와 의무
- 적립금 조회 방법
- 수령 방식 및 조건

4) 퇴직연금의 세제 혜택
세액 공제, 과세 방식 등

5) 기타 필요 사항
운용 지침 변경 시 근로자에게 미치는 영향

퇴직연금 교육 자료는 정부 기관, 퇴직연금 사업자(금융기관), 그리고 관련 교육 지원 플랫폼에서 쉽게 구할 수 있습니다. 다음은 주요 자료 제공처와 상세 정보입니다.

(1) 고용노동부 및 정부 기관
① 고용노동부
- 퇴직연금 관련 가이드

: 고용노동부는 「근로자퇴직급여 보장법」에 따라 퇴직연금 제도 운영 가이드와 교육 자료를 제공
- 접근 방법
: 고용노동부 홈페이지 → 정책자료실 → 퇴직연금 교육 자료 검색

② 한국고용정보원
- 퇴직연금 이해를 돕기 위한 교육 동영상, 문서 자료 제공
- 근로자와 사업주 모두 활용 가능한 맞춤형 자료를 다운로드할 수 있음
- 자료 위치
: 고용노동부 퇴직연금 페이지 또는 퇴직연금제도 포털

(2) 퇴직연금 사업자(금융기관)

① 퇴직연금 운영 금융기관
- 퇴직연금 상품을 제공하는 금융기관(은행, 보험사, 증권사 등)은 근로자를 대상으로 교육 콘텐츠와 자료를 제공합니다.
- 주요 제공 자료
: 퇴직연금 운용 가이드북
: 퇴직연금 상품 소개
: 운용성과와 자산 배분 전략
- 금융기관 활용 방법
: 퇴직연금 가입 시 지정된 금융기관의 고객센터나 홈페이지에서 자료 요청

예: KB국민은행, 신한은행, 삼성생명, 교보생명, 미래에셋증권 등

② 금융감독원
- 금융감독원 연금포털에서 제공하는 교육 자료
: 퇴직연금 제도 개요, 운용 방법, 세제 혜택 자료 등 다운로드 가능
- 사이트
: 금융감독원 연금포털

(3) 온라인교육 플랫폼 및 포털
① 퇴직연금제도 포털
- 고용노동부와 한국고용정보원이 운영하는 퇴직연금제도 포털
: 퇴직연금제도 개요, 법령 자료, 사업주용/근로자용 교육 자료 제공
- 사이트
: 퇴직연금제도 포털

② e러닝 플랫폼
- 금융기관이나 교육 전문 업체가 제공하는 온라인강의 및 자료
: 근로자와 사업주 모두 활용 가능
: 수강 완료 후 인증서 발급도 가능

(4) 한국연금학회 및 관련 단체
① 한국연금학회
- 연금 전문가가 제공하는 연구 자료와 교육 자료를 열람 가능

- 최신 연금 동향과 정책 변화에 대한 분석 보고서 제공

② 노동조합 및 기업 연계 교육
- 노동조합 또는 HR 부서를 통해 내부적으로 개발된 퇴직연금 자료를 제공받을 수 있음

퇴직연금 교육은 법적 의무 사항이므로, 이를 이행했음을 증명하기 위한 자료를 준비하고 보관해야 합니다.
이는 고용노동부나 관련 기관의 점검 시 제출 요구가 있을 수 있기 때문입니다. 증빙 자료는 교육 내용과 이행 여부를 명확히 보여 줄 수 있도록 다음과 같은 형식으로 준비해야 합니다.

(1) 필수 증빙 자료
① 교육 실시 계획서
- 교육 목적, 대상, 방법, 일정, 강사 정보 등이 포함된 계획서
- 사전 준비 단계에서 작성

② 교육 진행 기록
- 교육일지
: 교육 일자, 시간, 장소, 참석자 정보 등
- 교육 참여 명단
: 근로자들의 이름, 서명, 소속 부서

*출석부 또는 전자 출석 확인 시스템 활용 가능

③ 교육 자료

- 교육에서 사용된 자료를 보관

: 강의 자료(PPT, 핸드아웃 등)

: 동영상 교육을 활용했다면 영상 캡처나 프로그램 이용 기록

: 배포된 문서(퇴직연금 안내 책자, 가이드북)

④ 교육 사진 및 영상

- 현장 교육의 경우 사진 또는 영상으로 기록

: 교육 중 강의 장면, 근로자의 참여 모습

: 사진 촬영 시 교육 장소와 자료 화면이 함께 보이도록 촬영

⑤ 근로자 피드백 자료

- 설문조사 또는 교육 후기

: 교육 효과성을 확인하기 위해 근로자 의견을 수집

: 작성된 설문지는 스캔하여 보관

⑥ 강사 정보

- 외부강사 초빙 시

: 강사의 프로필 및 강의 이력

: 고용노동부 인증 강사일 경우, 관련 자격증 사본

(2) 온라인교육의 경우 추가 증빙

① 온라인 수강 기록

- 온라인교육을 진행했다면 시스템에서 자동 생성되는 자료를 보관
: 수강 완료 여부, 수강 시간
: 사용자별 로그 기록

② 수료증
- 수료증 발급 시스템을 활용한 경우
: 발급된 수료증 목록 및 사본을 저장

(3) 증빙 자료 보관 기간
- 보관 의무
: 교육 이행 자료는 최소 3년간 보관
- 근거 규정
: 「근로자퇴직급여 보장법」 및 고용노동부 지침

(4) 증빙 자료 제출 방법
① 점검 요청 시
- 고용노동부 또는 관련 기관에서 제출 요구가 있을 경우, 요청 자료를 바르게 제출
: 교육일지, 참석 명단, 교육 자료가 기본

② 연금 사업자 요청 시
- 퇴직연금 사업자가 요청하는 경우, 해당 금융기관의 형식에 맞춰 증빙

퇴직연금 교육 증빙 자료는 교육 계획, 실행, 평가의 모든 과정을 명확히 보여 줄 수 있어야 하며, 법적 요구에 따라 체계적으로 관리해야 합니다. 특히, 교육이 온라인으로 이루어진 경우에도 출석 기록과 완료 자료를 꼼꼼히 준비하는 것이 중요합니다.

(5) 교육방법

법령에서는 퇴직연금 교육을 유연하게 진행할 수 있도록 다음의 방식 중 선택할 수 있게 하고 있습니다.

① 오프라인 강의

전문가 초청 강연, 사내 자체 교육 등

② 온라인 강의

퇴직연금 사업자(금융기관)가 제공하는 온라인 콘텐츠 활용

③ 자료 배포 및 자율학습

퇴직연금 운영 현황 및 관련 자료를 배포하고, 근로자가 자율적으로 학습

④ 퇴직연금 사업자의 지원

금융기관이 퇴직연금 운영 사업자로 지정된 경우, 해당 기관에서 교육을 대행

(6) 교육 미이행 시 제재

① 과태료

법적으로 퇴직연금교육을 이행하지 않은 사업주는 최대 500만 원의 과태료가 부과될 수 있습니다.

② 근로자 권익 침해

교육 미실시로 인해 퇴직연금 운용에 대한 근로자의 불만이 제기될 경우, 사업주는 추가적 행정 지도를 받을 수 있습니다.

에필로그
법정의무교육

"법정의무교육" 하면 "김하얀"이라는 말을 듣기 위해, 이 분야에서 최고가 되기 위해 12년 동안 노력했습니다.

지금은 고용노동부 위탁기관을 운영하며 많은 곳에 법정의무교육을 하고 있고 전국적으로 강사들을 배출해 내고 있는데요. 드디어 제가 《법정의무교육 교과서》라는 우리나라에는 아직 없는 책을 쓰게 되었습니다.

이 책을 읽고 회사 대표님들, 교육담당자들, 근로자들, 강사들까지 많은 분들이 도움을 받으셨으면 합니다.

우리나라 법정의무교육 시장은 아직 바로 잡아야 할 것이 많이 있습니다. 2014년 처음 제가 이 교육을 시작했을 때 많은 분들에게 "이 강의 하는 사람들 보험 파는 거 아니야?" "이 강의를 왜 들어야 돼?" 등 안 좋은 말들을 많이 들었습니다.

교육을 해 준다 하여 나중에 상품을 파는 행위를 한다거나 상품을 안 사면 교육이수증도 안 해 주고 연락이 두절된다거나 정말 나쁜 일들이 불법적으로 일어나고 있었습니다.

결국 법정의무교육에 대한 인식은 듣기 싫은 교육, 시간 때우는 교육,

교육도 아니라는 인식, 공짜로 해 준다는 인식이 많았던 거죠.
기업체 대표들도, 교육담당자들도, 강사들도, 근로자들도 모두 법정의무교육에 대해 정확히 알지 못해서 이렇게 당하는 경우들이 많았습니다.
나중엔 보험사가 노동부 인증도 받지 않은 교육원을 차려서 직접 교육원이라 하고 무료 교육이라 하며 불법으로 진행하는 경우들도 많았습니다.
그러다 보니 이제는 노동부 인증을 받고 인증기관이라며 무료 교육을 빙자해서 상품을 판매하는 곳들도 많아지고 있습니다.
그러다 보니 강사들과 저희 같은 교육원을 운영하는 곳들이 참 어려움을 많이 겪었죠.
그래서 여러분들이 법정의무교육 과목 하나하나 쉽게 이해할 수 있게 이 책을 적어 내려갔습니다.
꼭 보시고 교육 운영하실 때 많은 도움을 받으셨으면 좋겠습니다.

이 기본적인 법정의무교육은 근로자들에게 올바르게 잘 진행해야 한다고 생각합니다.
사무주의 의무와 근로자의 의무를 법정의무교육을 듣고 서로의 권리들을 잘 지키는 것이 안전하게 사업장에서 일할 수 있는 것이 아닌가 하는 생각이 듭니다.
행복한 조직문화를 위해 기본적인 법정의무교육을 올바르게 진행해서 모두의 인식이 바뀌길 바랍니다.
감사합니다.